삶이 글이 되고 글이 삶이 된다

글쓰기의 기초를 다지는 하루 한 장 필사북

삶이 글이 되고 글이 삶이 된다

이현주 · 남상희 · 김정아 · 곽리즈 · 최정님 · 김경부 · 나애정

생각의빛

CHAPTER 1

내가 쓴 글이 곧 '나'이자, 내 삶의 인격이다

CHAPTER 2

글이 되지 않는 삶은 없고, 끝나지 않을 불행 또한 없다

CHAPTER 3

과거와 현재, 미래를 탐험하는 글쓰기 여정

CHAPTER 4

글쓰기가 삶의 원동력이다

CHAPTER 5

삶이 고될수록, 글쓰기로 자신을 care해라

CHAPTER 6

글 쓰고 훌라 추며 평생 의미 있게 살 것이다

CHAPTER 7

의미를 부여한 경험은 버릴 것 하나 없다

CHAPTER 1

이현주

내가 쓴 글이
곧 '나'이자,
내 삶의 인격이다

내 삶은 나만이 쓸 수 있는 한정판 글감이다

글쓰기는 삶의 일상을 솔직하게 쓰는 것이다. 하나의 주제를 붙잡고 경험을 쓰다 보면 나의 삶이 자연스럽게 글 속에 녹아들어 간다. 어린 시절부터 지금에 이르기까지 있었던 일들을 끄집어내 풀어쓰고, 그 위에 내 생각을 더 한 새로운 해석이 삶의 소생을 돕는다. 오직 하나뿐인 내 삶이 한 편의 글 속에 스며들어 가는 것을 보며 생각했다. '아, 내 삶이 평범하다고 우습게 볼 게 아니었구나. 평범하기에 나만이 쓸 수 있는 한정판 글감이 될 수 있구나.' 무리 지어 피어 더 예쁜 들꽃처럼 나의 일상들을 하나로 모아 보니 버릴 것 없는 특별함이 보였다. 소소한 일상이 글로 쓰일 때 삶은 생명력을 잃지 않는다. 글로 소생시켜 준 삶이기에 그 어느 때보다 소중한 내 삶이다. 그러하기에 글쓰기는 삶을 다시 쓰는 시간이다. 즉, 나만의 한정판 글감으로 현재의 삶을 리부트하는 시간이다.

하나뿐인 내 삶의 이야기가
누군가의 글이 된다

삶, 우리가 태어나는 순간과 동시에 삶이라는 무거운 과제는 시작된다. 저마다 탄생의 순간이 다르듯 삶을 살아가는데 정답은 없다. 인생을 살면서 넘어졌다 일어서기를 반복하며 깨달은 모든 순간이 세상에 하나뿐인 내 삶의 해답지가 된다. 그러하기에 내 삶은 그 어떤 이의 삶보다 빛날 자격을 부여받았고, 그 누군가의 삶에 본보기가 되기에 충분하다. 글로 쓴 나의 삶을 들여다보며 누군가는 자신만의 해답지를 새롭게 만들어 갈 것이다. 하나뿐인 내 삶의 이야기가 귀한 마중물이 되어 그 누군가의 인생 서사를 쓰는 일에 귀한 자료로 쓰일 것이다. 이러한 생각을 하면 내 삶의 작은 입자, 먼지 같은 일상일지라도 글로 쓰지 못할 이유가 무엇이란 말인가.

글로 쓰지 않은 삶은 흔적을 남기지 않는다

————————

　오늘 내가 쓴 일상의 사례가 내일의 누군가에겐 용기와 희망이 되고 귀한 자료가 될 수 있지만, 글로 쓰지 않은 삶은 바람처럼 사라진다. 물 위에 쓴 글처럼 스스로 자기 흔적을 지운다. 당신의 가족은 당신 삶의 일정 부분을 기억해 줄지 모른다. 그러나 가족 이외에 그 누구도 기록되지 않은 당신의 삶을 기억하는 이는 세상에 없을 것이다. 일상의 특별한 순간들을 사례로 자기만의 목소리를 담아 글로 남겨 보자. 나의 한정된 영역을 벗어나 세계로 뻗어나갈 수 있는 것이 바로 글이다.

내 삶을 글로 쓰면
내일이 기대되는 삶을 산다

———————

오늘도 하얀 백지 위에 한 꼭지 글이 채워졌다. 내일 또 다른 한 꼭지 글에 물들 생각하니 벌써 심장이 간질거린다. 내가 쓴 한 꼭지 글은 오늘을 살게 하고, 내일의 한 꼭지는 기대하는 삶을 살게 한다. 나의 삶을 글로 적기 시작하니, 아주 근사한 그림 한 폭이 완성되기도 전에 오늘을 살면서도 생각은 미래에 산다. 내일이 기대되는 삶이 나에게도 찾아왔다. 글을 쓸 때마다 세상은 어서 오라며 힘차게 손을 흔들어준다. 세상이 나를 향해 흔들어주는 손짓에 응답이라도 하듯 나의 글은 세상 속으로 뛰어 들어갈 준비를 한다.

글쓰기는 삶을 지탱하는 무기다

내가 글을 쓸 수 있고, 내가 쓴 글이 책이 될 수 있다는 사실이 현실이 되어갈수록 내게 불가능은 없어 보였다. 아무리 힘든 일이 생겨도 잘 이겨낼 나만의 유일무이한 비장의 무기 하나가 내 몸에 자석처럼 착 달라붙어 다니는 기분이다. 보이지 않지만, 만화 속 영웅들만이 가진 특별한 능력이 나에게도 있다는 든든함이 삶을 지탱하게 만든다. 롤러코스터 같은 삶에 지쳐 주저앉고 싶을 때 마지막 힘을 다해 비장의 무기를 꺼내 들면 해결하지 못할 일도 없을 것 같다. 글쓰기는 삶을 견뎌내고, 그 삶을 글로 아름답게 승화시켜 줄 강력한 힘이 된다. 이것이 문장의 힘이자, 글의 힘이다.

내 삶은 글이 되고, 내가 쓴 글은 나의 삶이다

내 안의 곳간부터 채우는 과정이 바로 글쓰기다. 마음의 곳간이 풍성해질수록 글과 삶은 조화를 이루고 닮아간다. 내 삶은 글이 되고, 내가 쓴 글은 곧 나의 삶이다. 마음의 변화와 생각의 탄생이 생산적인 삶으로 돌아서게 만든다. 아무것도 하지 않으면서 세상이 나를 원하게 하려고 욕심내는 것은 어리석은 짓이다. 내가 무엇인가를 내놓고 난 후에야 세상도 나에게 무엇을 줄지 고민한다는 것을 명심하라. 세상에 공짜가 어디 있으랴. 주고받기(give and take)는 우주가 가르쳐 준 진리이기 전에 삶 속에서 조용히 지켜지고 있는 절대 규칙이다. 글을 쓰면 자연스럽게 다른 이들의 도움이 되고자 한다. 나를 더 알리려 하는 이유가 이타적인 마음에서 기인하지 않았을까.

나를 해방해 창조적 글쓰기에
한계를 두지 마라

아직도 내 안에 특별한 능력이 갑자기 '툭'하고 튀어나오길 기다리는가? 그렇다면 지금 당장 그 어리석은 일을 멈춰라. 내 안에 어떤 능력이 있는지는 직접 꺼내 보지 않은 이상 단정 지을 수 없다. 나는 글쓰기를 통해 내 안에 사그라지지 않는 강렬한 불꽃이 튀는 것을 보았다. 강하게 영혼을 뒤흔드는 그 울림이 세상을 향해 소리쳐도 괜찮다는 것을 알려주었다. 나 자신에게 "괜찮다."라고 말하는 순간 삶은 생산적이고 창조적인 삶으로 바뀌었다. 모든 시작은 결국, 나를 용서하고 이해하는 것에서 출발한다. 자신을 미리부터 단정 짓지 말고, 당신의 나이가 몇 살이든 한계를 두지 마라.

숨만 쉬어도 쓰면 글이다

숨 쉬는 것 자체가 기적이다. 어쩌면 이렇게 내 몸이 알아서 제 역할을 성실히 수행해 내고 있는지 감탄하지 않을 수 없다. 나의 몸이 그 어느 과학보다 정교하고 한 치의 오차도 없다는 사실이 새롭게 각인되는 순간이다. 글을 쓴 후 내 삶이 경이로울 만큼 아름다워지고 있다. 글쓰기는 나 자신이 얼마나 섬세하고 신비로운 존재인지 끊임없이 확인시켜 주고, 내 삶 그 자체의 존귀함을 느끼게 한다. 현실이 비록 내 변화의 보폭을 좁혀주질 못하더라도 절대 실망스럽지 않다. 오히려 못마땅한 현실도 글감이기에 어떻게 하면 글로 잘 써낼지 고심한다. 글로 승화시켜 가는 삶은 생각의 문을 매일 열어주는 일을 한다. 생각하며 산다는 것은 나의 호흡을 느끼고, 심장 소리에 발맞춰 나만의 속도로 삶을 개척해 나간다는 것이다. 숨을 쉬고 있기에 가능한 일들을 글로 쓰지 않을 이유가 없다.

이해되지 못할 삶도 없고,
용서하지 못할 사람도 없다

이해되지 못할 삶도 없고, 용서하지 못할 사람도 없음을 알아가는 것이 글쓰기다. 글쓰기는 어떠한 상황에서도, 무슨 수를 써서라도 이해하기 위한 자신만의 답을 내놓는다. 글을 쓰면 자기 사랑이 시작된다. 사랑은 받는 거라고 흔히들 착각하며 살지만, 자신을 향해 사랑을 충분히 줄 때 사랑도 받고, 줄 수 있는 자격이 생긴다. 자기 사랑이 내적으로 충만해져 넘쳐흐를 때 타인을 향한 사랑도 더 깊숙이 파고든다. 세상 밖으로 나의 사랑을 더 넓게 발산하게 될 것이다. 글이란 사람의 마음을 움직이는 마력이 있다. 삶에 지쳐 쪼그라져 있던 삶도 글쓰기를 통해 팽팽하게 다시 부풀릴 힘을 얻을 수 있다. 좀 더 나은 쪽으로 생각하려는 수많은 시도가 글쓰기다.

당신이 살아있기에
'삶 그 자체'로 소중하다

삶이 소중한 이유는 내가 살아있기 때문이다. 내가 살아 움직이기 때문에 일어나는 모든 일상은 나만이 경험할 수 있고, 나만이 이겨낼 수 있는 '내 삶' 그 이상도, 그 이하도 아니다. 내게 주어진 삶 그 자체로 감사하다. 내가 숨을 들이쉬고 내쉬고 있다는 그 사실을 받아들이면 글이 될 수 없는 삶이란 없다. 글이 된 삶은 '나'이자 내 삶의 인격이다. 필름처럼 감겨있던 자신의 삶을 다시 펼쳐보라. 기억은 흐릿하게 나를 보여주지만 글로 쓴 내 삶은 선명하게 나를 기억한다. 삶을 되돌아보는 시간은 생의 소중함을 알게 하고 자기 삶이 글로 쓰기에 이미 충분한 자격을 부여받았다는 사실에 감탄하게 될 것이다.

글쓰기로 삶의 굴곡도 완만해진다

　글쓰기는 삶의 굴곡을 매끈하게 채워주는 완충제 역할을 한다. 비 온 뒤 땅이 굳는다. 아무리 질척이고 세찬 바람과 폭우에 휩쓸려 땅이 움푹 패어 볼품없을지라도, 비가 멎고 따스한 햇볕이 먹구름을 밀어내면 땅은 서서히 예전의 모습을 찾아간다. 회복이 어려울 것 같은 깊게 파인 땅은 새로운 흙으로 채워 다져주면 된다. 나에게 글쓰기는 움푹 파인 땅을 메워주는 따스한 흙과 같다. 벌어진 상처는 봉합되고 본연의 나로 살게 한다.

삶의 모든 풍파는 글감일 뿐이다

늦지 않아서 다행이다. 글쓰기에 늦은 나이는 아닐까 자문한 적이 있다. 지나고 보니 시작하는 그 순간이 최상의 적기였다. 글을 쓰니 감정이 날을 세워서 하는 말이 아닌 글을 쓰는 작가로서 하는 조언이라 더 설득력이 있다. 쓰는 만큼 말도 예전보다 청산유수다. 글쓰기는 삶의 어두운 긴 터널을 지날 때 터널 끝에서 비추는 환한 빛이 되어준다. 삶의 풍파 속을 걸어가고 있다면 글쓰기를 시작해 볼 것을 추천한다. 현재 맞닥뜨린 시련들과 아픔들이 모두 하나의 글감일 뿐이라는 것을 받아들이는 글쓰기는 좋은 해결책을 알려줄 것이다. 삶과 나의 팽팽한 줄다리기, 글쓰기로 조금씩 힘을 빼는 연습을 해보는 것도 좋을 듯하다.

글쓰기는 나에게로 가는 길이다

_____

　글쓰기는 나에게로 가는 길이다. 나를 모르고 살아온 시간을 후회하게 할 만큼 '내가 이런 생각을 하고 있구나.', '내 안에 이런 능력이 있었어?', '뜨거운 가슴 안고 사느라 얼마나 힘들었을까.'라며 자신을 달래고, 칭찬하며 화해와 이해의 과정을 겪는다. 글은 쓰면 쓸수록 나 자신과 더 친숙해진다. 글쓰기가 그렇다. 내 삶을 있는 그대로 마주할 용기가 없다면 글쓰기는 어렵다. 웅크린 내 삶의 밑바닥까지 내려가 인정하고 싶지 않은 나를 똑바로 응시할 때 글은 가슴에서 시작된다. 남의 시선을 의식하며 쓰는 글은 진짜 나를 말할 수 없다. 내가 어떤 사람인지 세상을 향해 소리치고 싶을 때 가장 먼저 해야 할 일은 자신을 이해하고 용서하는 것이다. 나와 글이 닮아있다는 것은 그 글 속에 뛰어든 '또 다른 나'가 있었기에 가능하다.

내 생각의 문을 여는 작업이 글쓰기다

거울에 비친 나의 얼굴과 모습이 아닌 내 생각으로 들어가는 문을 여는 작업이 글쓰기다. 내 안에서 항상 동고동락하며 사는 또 다른 자아를 그려내는 작업을 시작한다. 나를 만나러 가는 글쓰기가 있어 충분히 행복하다. 어떤 모습을 하고 찾아와도 나를 질책하지도, 원망하지도 않는 자아를 만나는 일은 살면서 꼭 필요한 일이 아닐까. 우리는 모두 그 누군가의 위로가 필요하고 기댈 곳이 필요하기에.

쓰면 나를 자세히 증명한다

───────────

쓰면 쓸수록, 쓰는 양이 많아질수록 글은 나를 더 자세히 설명하고 내 삶을 제대로 증명한다. 내 삶을 글로 풀어낸다는 것은 곧 나를 증명하는 일이다. 한때 내가 머물다 간 곳에 영역표시 하나쯤하고 가야 제맛 아닐까? 내 모습은 몰라도 글에 스며든 정신은 기억해 주지 않을까.

'쓰면 나를 자세히 증명한다.'

이 말은 내가 지구상에 존재하든 사라지든, 내가 쓴 글은 세상에 남아 나의 존재를 증명해 준다는 것을 의미한다. 이토록 아름다운 글쓰기 이유가 또 있을까? 세상은 당신을 원하고, 지금 이 순간에도 당신을 부르고 있다. 들었다면 응답하라. 그리고 글로 당신의 존재를 증명하라!

글을 써서 인생 첫 책을 만나라

백색 안개꽃은 '죽음'을 의미하지만, 빨간 장미꽃과 함께 선물하면 '죽을 때까지 사랑해'라는 새로운 의미가 부여된다. 꽃들에게 꽃말은 곧 삶이다. 꽃의 이름에 따라 부여된 또 다른 삶이다. 우리는 꽃들의 삶을 적재적소에 의미를 담아 꽃을 선물한다. 꽃은 그 자체로 아름답다. 우리 이름 석 자에 의미를 부여하는 일이 바로 글을 써서 인생 첫 책을 만나는 일이다. 나에게 인생 첫 책은 삶이자 나 자신이다. 삶은 그 자체로 충분히 아름답다. 나의 의지로 자랑스럽게 부여한 내 삶의 꽃말은 바로 '작가'이다. 나의 인생 첫 책으로부터 작가라는 근사한 꽃말을 선물 받았다. 그리고 나에게 하나의 공식이 생겼다.

〔삶 + 글쓰기 = 인생 첫 책〕의 꽃말은 '작가'이다.

'쓰기'는 자기완성으로 가는 지름길이다

한 번뿐인 나의 삶은 나 자신이 되기 위해 걸어가는 긴 여정이다. 인생의 희로애락을 겪을 때마다 삶은 수많은 시도를 유도하고 그때마다 나에게로 갈 수 있는 판을 깔아놓는다. 우리는 불완전하고 미숙한 존재이기에 완벽을 꿈꾸지만, 단 한 번도 자기 자신의 완벽함은 본 적이 없다. 뜻하지 않은 이별, 예고도 없이 찾아온 병마, 사랑하는 사람과의 결혼, 생애 첫 직장…, 삶의 행적들은 자기 자신으로 완성되기 위한 강한 열망이 부른 인생 게임이다. 태어남과 동시에 인생 게임의 주사위는 던져졌고, 자기완성으로 가는 지름길을 발견해야 한다. 나는 그 지름길이 바로 글쓰기와 책 쓰기라고 말한다. 삶이 글이 되고, 글은 자기 자신이 되도록 노력하게 한다.

나의 삶, 나만이 글로 쓸 수 있다

_____

글쓰기는 나이기에 가능한 일이다. 그 누구도 나만큼 내 삶에 적극적으로 뛰어들지 않는다. 나의 삶, 나만이 글로 쓸 수 있다. 내 삶을 글로 써서 책 한 권이 되게 하라. 그리고 자기 자신을 독자로 두어라. 독자가 되어 자기 자신이 살아온 삶을 읽게 하라. 내가 쓴 책의 첫 독자는 바로 '나'이다. 첫 독자의 시선으로 나 자신에게 말을 건넨다.

"글로 쓴 내 삶은 나를 닮았어. 책이 곧 나야. 자기완성은 글쓰기에 있었구나."

CHAPTER 2

남상희

글이 되지 않는
삶이란 없고, 끝나지 않을
불행 또한 없다

강한 철이 되기 위한 담금질

분명한 것은 위기가 있어야 변화도 찾아온다는 것이다. 나 또한 그런 위기가 있었기에 간절히 나를 찾고 싶었고, 나를 공부하기 위해 글을 쓰기 시작했다. 그 위기의 순간을 인생의 전환점으로 삼고 잘 지나가 보자. 힘든 일들 속에 파묻혀 도대체 내 인생 왜 이러나 싶은 순간에 '아, 나 담금질 당하고 있구나.' 생각하자. 얼마나 잘되려고, 도대체 얼마나 큰 사람이 되려고 이런 시련을 겪는 걸까. 그 높은 벽같이 느껴지는 계단을 잘 오르면, 분명 엄청난 성장을 해낸 당신이 있을 것이다. 그다음 계단이 분명히 또 있겠지만, 우린 그 계단을 오를 것이다. 지금 겪고 있는 전환점들이 나중에는 선이 되어 내 인생의 그래프를 만든다. 오르락내리락하며 찍히고 있는 수많은 점이 멀리서 보았을 때 상향 선을 그리고 있길 바란다. 당신의 터닝포인트가 높은 곳에 진하게 찍히기를 응원한다.

아이는 엄마의 웃음이 진짜인지 안다

아이들과 함께 힘든 시기를 겪으며 나를 더 소중히 여겨야겠다고 생각했고, 누구보다도 나를 먼저 챙겨야겠다고 생각했다. 엄마가 행복하지 않으면 아이들도 행복할 수 없다. 내가 아이들에게 보여주는 웃음이 진짜인지 가짜인지 아이들은 정확히 안다. 그래서 나는 내가 먼저 행복해지기로 다짐했다. 끝나지 않을 것 같았던 코로나 시기도 결국 끝이 왔다. 지금 끝나지 않을 것 같은 불행 속에서 허덕이고 있다면 행복하기 위해 최선을 다하자. 세상엔 글이 되지 않는 삶이란 없고 끝나지 않을 불행 또한 없다.

모든 경험은 성장을 보장한다

모든 경험은 그것이 나쁜 경험이든 좋은 경험이든 성장을 보장한다. 지독히도 힘들었던 경험이 지금 이 책을 채우고 있는 것처럼 말이다. 지금 나쁜 경험을 하고 있다면 '이 경험이 분명 나의 인생에 엄청난 글감이 될 것이다.'라고 생각하고 꼭 이겨내길 바란다.

나의 마음속 외침을 외면하지 말자

집에서 아이들 돌보며 엄마로 살아가던 그때, 내 속에서는 밖으로 나가고 싶다고 발버둥 치는 '나'가 있었다. 얼마나 그 외침을 외면하고 지냈으면, 나의 속은 병들어 가고 있었고 몸에도 티가 나기 시작했다. 나도 모르는 사이 나의 몸과 마음은 그렇게 세상으로 나올 준비를 하고 있었나 보다. 그런 어둠 속에서 빌었던 간절함이 있었기에 더욱 열심히 지금을 살게 된다. 다시 내가 만들어 놓은 어두운 터널 속으로 돌아가지 않기 위해 나를 돌보게 된다. 이 모두 경험하였기에 가능한 일이다. 이 때문에 힘들었던 그 경험들이 참 소중하다. 내가 속으로 하는 외침이라고 절대 외면하지 말자. 나의 몸과 마음은 거짓말을 하지 않는다.

나의 삶을 되짚어 본다는 것

나는 이렇게 글을 쓰며 나를 찾는 것에 진심인 사람이었다. 내가 어떤 삶을 살아왔고, 나에게 어떤 일이 벌어졌는지, 사례로 쓰다 보니 나의 지난 삶을 찬찬히 되짚어 보게 된다. '아, 나 이런 삶을 살고 있구나.' '이렇게 살아왔구나.' 하며 글을 쓸 때마다 내 생각들이 어디서 왔는지를 알게 되어 놀랍기도 하고 대견하기도 하다. 그런 마음으로 나를 아끼고 칭찬해 주다 보니 어느새 자기애가 생기고 나를 자랑스러워하기 시작했다. 나를 알아가는 것은 나의 삶을 되짚어 본다는 것이다. 지금 나를 이루고 있는 것들에 대해 생각해보자.

'나'라는 드라마의 주인공

나를 비련의 주인공으로 만들지, 성공한 주인공으로 만들지는 내가 어떻게 사는지에 달려있다. 나는 나를 성공한 주인공으로 만들기 위해 노력한다. 그런 멋진 엄마가 되고자 노력하다 보면 아이들이 자랐을 때쯤엔 정말 제법 멋진 엄마가 되어 있지 않을까? 생각해본다.

제발 나로 살자

_____

도대체 '엄마'라는 존재는 무엇일까? 아이들에게는 세상 전부이자,
보호자이자, 선생님이자, 친구인 '엄마'. 그런 엄마도 본인의 삶을 먼
저 챙기고 중요시해야 한다. 그래야 가정이 튼튼히, 오래오래 유지 될
수 있다. 한 가정에서 내가 가장 중요하다고 여기자. 소중하지 않은
사람은 없다. 하지만 아이도, 남편도, 부모도 내가 없으면 다 의미가
없다. 그러니 나로 살자.

하나의 존재로만 살지 않길

———————————

나는 그렇게 살기로 했다. 그냥 사는가 다르게 사는가는 정말 한 끗 차이이다. 내가 어떻게 살기로 마음먹기에 달려있다. 지금 당신은 어떤 삶을 살고 있는가? 지금 그까짓 마음 한번 먹어보자. 마음먹는 것이 가장 어렵지만, 또 세상에서 가장 쉬운 일이 바로 마음먹는 일이니까. 당신이 하나의 존재로만 살지 않길. 무궁무진한 세상 밖으로 무사히 나오길 바라고 또 바란다.

단 한 명의 응원으로도 완주를 할 수 있다

진정한 어른들과 내가 함께하고 있다는 기분은 참 든든하다. 변화하고 싶다면 어딘가에 소속되라. 참된 리더에게 이끌려가다 보면 어느새 삶이 변하고 있다는 것을 느낄 것이다. 좋은 리더를 찾아라. 그리고 함께해라. 혼자서는 하지 못하는 많은 것들을 시도하게 될 것이다. 하나의 힘과 여럿의 힘은 차이가 크다. 내가 아닌 다른 사람에게 받는 좋은 에너지는 나를 더 나은 사람으로 만들어 준다. 포기하고 싶을 때 나에게 다시 일어설 힘이 되어주는 좋은 동료들이 있다는 것은 보다 멀리 가기 위해 꼭 필요한 부분이다. 때론 단 한 명의 응원으로도 완주를 할 수 있다. 나에게 그런 존재를 만들어 주는 것 또한 중요한 일이다.

소속감의 중요성

―――――――――

　어딘가에 소속되어 팀원으로서 존재감을 빛내보자. 당신이 빛나는 존재라는 것을 알아주는 곳이라면 더할 나위 없이 좋다. 그곳에서 당신은 더 빛나고 더 단단해질 수 있다.

공감의 힘

힘들다고 투정하는 글들에 누군가는 '좋아요'를 눌러주었다. 나 또한 누군가가 쓴 아픈 글에 공감이 가고, 어딘가에 나같이 힘든 사람이 있다는 사실에 마음 아파하며, 누군지 모르는 사람을 응원하는 마음도 생겼다. 누군가 나의 마음에 공감해 준다는 것은 생각보다 큰 치유의 힘을 가지고 있다. 나와 같은 마음의 사람이 있다는 것, 나의 마음에 공감해 준다는 것이 나에게는 큰 힘이 되었다. 나의 아픔에만 몰입해 있던 내가 이제는 점점 남을 볼 여유까지 생겼다.

위기가 기회라는 사실

삶의 우여곡절이 많은 예술가가 유난히 극적인 작품들을 많이 남기듯, 살면서 오는 위기들을 잘 지나가면 분명 그것은 기회로 돌아온다.

시련이 곧 글감이라더니

위기를 그냥 날려버리지 않고 글이라는 줄을 꼭 붙잡고 놓치지 않을 것이다. 이 줄을 놓치지 않고 있다면 다른 위기들이 와도 이겨낼 것이란 확신이 있다. 이제는 시련은 곧 글감이라는 말에 동의한다. 우리에게 오는 시련과 고난은 글감이 될 것이고, 그 시련과 고난은 언젠가는 지나간다. 우리는 모두 살면서 수많은 일을 겪는다. 그때마다 무너지고 아파하는 것은 당연하다. 하지만 그 상황에서 빨리 벗어나야 다음을 살 수 있다.

오래된 마음의 상처를 치유하는 방법

———————————

너무 오래되어 지금은 기억이 잘 나지 않던 그 나이에, 선명히 기억되는 안 좋은 기억들은 분명 그런 이유가 있다. 당연하게 생각했던 부분이 어른이 되고 나서 보니 당연하지 않았음을 알게 되고, 분명 오래되었지만 없어지지는 않는 나의 깊은 상처가 누군가로 인해 건드려졌을 때. 그 속에서 썩어 문드러진 고름들이 터져 나오는 것 같았다. 나는 여전히 사과받지 못했고, 나의 마음속 상처는 여전히 아리지만, 지금은 글을 쓰면서 '괜찮다, 괜찮아지고 있다'라고 나 자신을 다독여 준다. 때로는 그 문제를 제대로 바라보는 것만으로도 아주 조금 괜찮아지기도 한다.

문제를 객관적으로 볼 수 있는 힘

문제를 객관적으로 보고 이겨낼 힘을 만드는 것은 나의 몫이다. 아무도 나의 상처를 먼저 알아차리고 다독여 줄 수 없다. 문제를 객관적으로 바라보기 위해 가장 좋은 방법은 글로 써보는 것이다. 말은 뱉고 나면 공기 속으로 사라진다. 그래서 객관적으로 볼 수 있는 힘이 글보다 덜하다. 글로 한번 써보고 나면 어떤 것이 문제이고 무엇을 해야 하는지 한눈에 보인다. 무엇이 문제인지 모르겠을 땐 그냥 속에 있는 생각들을 쭉 써보자.

마음이 정화되는 가장 좋은 방법

_____

　마음을 마음껏 쏟아내고 나면 그다음엔 무엇을 해야 할지를 알 수 있다. 쓰고 나면 부정적인 마음으로 가득 찼던 마음이 정리되고, 그 빈자리에 조금씩 신선한 공기가 들어오는 것을 느낄 수 있을 것이다. 쓰면서 마음이 정화되는 특별한 경험해 보길 바란다.

글이 가진 치유의 힘

어두운 면을 글로 써내니 누군가에게 공감이 된다. 공감이 가지고 있는 힘은 생각보다 강하다. 한 명이 표현한 공감으로 누군가는 강한 마음을 먹는다. 생각보다 많은 사람이 글을 읽으며 용기와 힘을 받는다. 말은 뱉으면 사라지지만 글은 남는다. 쓰면서 나의 삶을 돌아보고 점검하고 바로 잡을 힘이 생긴다. 마음이 아플 때 누군가에게 털어놓으면 그 또한 치유되듯이, 글 또한 분명 치유의 힘이 있다. 어둠 속에서 헤매고 있는 나의 마음을 종이에 적으며 차분히 되짚어 보자. 결국은 써 내려가는 힘이 그 어두움을 점점 밝게 변화시킨다. 부정적인 마음으로 인해 어둠 속으로 끌려 들어가고 있다는 느낌이 든다면 그 감정을 다른 곳이 아닌 종이에 표출해 보자.

어둠에서 벗어나기 위해서

힘든 그 시기 속에서는 길을 찾기 힘들다. 모든 것이 다 불이 꺼져 있는 깜깜한 상태이기 때문이다. 그 어둠에서 빠져나오는 힘은 종이 한 장 정도의 차이이다. 하지만 그 순간에는 그걸 알 수 없다. 부디 눈을 뜨고 그 어둠 속에서 한발만이라도 움직여보길 바란다. 햇빛을 봐야 나도 빛이 날 수 있다. 불 꺼진 방안에만 있으면 빛이 날 수 없다. 한 걸음만 용기를 내 움직여보자. 그렇게 천천히 움직이다 보면 어느 순간 살아갈 힘이 생길 것이다. 어둠이 점차 사라져 밝아지고, 새싹이 돋고, 그 자리에 꽃이 필 것이다. 꽃이 진다고 아쉬워하지 말자. 그 자리에 분명 결실이 있을 것이다.

CHAPTER 3

김정아

과거와 현재, 미래를
탐험하는 글쓰기 여정

내가 찾은 글쓰기의 사랑

_____

　글쓰기는 마치 사랑과도 같다. 매일 조금씩 다가가고, 익숙해지며, 그 깊이를 느낄 때 비로소 진정한 즐거움을 알게 된다. 처음에는 서툴고 어색할지라도, 꾸준히 이어가다 보면 어느새 글쓰기는 내 안의 내면을 담아내는 소중한 통로가 된다. 그 과정에서 자신을 돌아보고, 생각을 정리하며, 감정을 치유하는 힘을 얻는다. 글쓰기는 나 자신과의 대화이며, 동시에 자신을 위로하고 격려하는 시간이다. 그러니 매일의 작은 글쓰기를 통해 자신의 마음을 단단하게 키워가자. 그 속에서 삶의 의미를 발견할 수 있을 것이다.

내면을 탐험하는 글쓰기 여정

자신을 더 깊이 탐구하는 여정이 글쓰기이다. 남의 글을 따라 쓰는 필사조차도 그 과정에서 나만의 생각과 감정을 새롭게 발견하게 만든다. 매일 아침 눈을 뜨자마자 시작하는 필사는 단순한 습관을 넘어서, 진정한 나 자신과 마주하는 소중한 시간이 되었다. 글을 쓰며 떠오르는 감정과 생각들은 내 삶을 기록하는 동시에, 스스로 주는 값진 선물이다. 이 여정을 통해 우리는 계속해서 성장하며, 그 과정에서 진정한 자신을 찾게 된다. 매일 조금씩 쌓아가는 글쓰기로 내면의 힘과 지혜를 차곡차곡 키워보자!

글로 찾는 마음의 평화

마음은 글을 통해 정화된다. 내면 깊숙이 감춰둔 감정들이 글로 옮겨지는 순간, 스스로 치유되는 경험을 하게 된다. 글은 감정을 솔직하게 표현하고, 혼란스러운 생각들을 차분히 정리할 수 있다. 힘든 순간이 찾아올 때, 그 감정을 글로 풀어내면 마음속의 무거움을 덜어내고 새로운 시각으로 문제를 바라보게 된다. 매일 반복하는 작은 습관이 마음의 치유와 성장을 돕는다. 글로 얻은 평화와 용기는 어떤 상황에서도 나를 지탱해 주는 든든한 힘이 되어줄 것이다.

나의 성장, 필사로부터의 시작

_____

'일 년에 책 한 권도 못 읽던 내가 글을 쓴다고?' 이런 생각이 들 때, 필사를 시작한 것은 전환점이었다. 필사란 다른 사람의 글을 베껴 쓰는 과정으로, 자신이 책을 쓰는 데 필요한 독서 습관을 기르는 첫걸음이 될 수 있다. 필사를 통해 글쓰기에 대한 부담이 줄어들고, 점차 자신의 글을 쓸 준비를 할 수 있다. 글쓰기를 시작하면 머릿속이 복잡했던 상태에서 벗어나 글쓰기의 내용으로 바뀌면서 마음이 한결 편안해지기도 한다. 완벽을 추구하지 말고, 본능에 따라 글을 쓰는 것이 중요하다는 것을 깨달았다. 필사는 적은 노력에서 시작하여, 큰 변화를 끌어낼 수 있는 씨앗이 된다. 자신감을 가지고 성장을 위한 한 걸음을 시작해 보자.

독서와 필사 : 나만의 글쓰기 비법

독서를 통해 책을 읽는 것과 글을 쓰는 것 사이에는 큰 차이가 있다. 독서를 통해 얻는 지식과 정보를 바탕으로 글을 쓰는 것이 중요하다. 하지만 독서를 아무리 많이 해도 글쓰기에 필요한 기술과 노하우는 얻지 못한다. 필사를 통해서 배울 수 있다. 처음에는 독서만으로는 글쓰기의 목표를 달성하기 어렵다. 그 이유는 단순히 많은 책을 읽는 것만으로는 글쓰기에 필요한 구체적인 기술과 경험을 얻을 수 없기 때문이다. 필사를 통해서야 비로소 글쓰기의 방법과 그 과정에 대한 이해를 깊게 할 수 있었다. 필사를 데일리 미션으로 실천하는 글쓰기 모임에서의 경험은 나에게 큰 동기부여가 되었다. 나는 글쓰기를 계속해 나가면서 점차 자신감을 얻고, 목표를 향해 나아가고 있다.

가족의 이야기를 통해 얻은 깨달음

———————————

《타임머신을 탄 가족 이야기》를 작성한 경험은 나에게 큰 의미가 있었다. 가족 이야기를 담은 이 책은 출판되지 않았지만, 우리 가족에게는 소중한 추억을 기록한 보물이 되었다. 글을 쓰는 과정에서 형식이나 목차에 구애받지 않고, 순수한 마음으로 자신의 이야기를 쓸 수 있어서 좋았다. 이 경험을 통해 글쓰기의 본질은 타인을 위해서가 아니라 자신을 위해서 하는 것이라는 것을 깨달았다. 서툴더라도 글을 쓰는 과정은 나를 성장시키고, 원하는 삶을 실현할 수 있는 밑거름이 된다. 나는 필사와 글쓰기의 힘을 통해 나 자신을 발견하고, 더 나아가 꿈꾸던 작가의 삶을 향해 한 걸음씩 나아가고 있다.

글쓰기로 마음의 안정과 자기 발견

글쓰기는 마음의 다이어트와 같다고 느낀다. 복잡하고 힘든 감정을 글로 풀어내면, 마음이 정리되고 안정감을 찾을 수 있다. 글을 쓸 때 기쁨이나 슬픔을 표현하며 감정의 흐름을 따라가다 보면, 자신의 마음을 더욱 깊이 이해할 수 있다. 특히, 글을 쓰다가 조급해지면 그 욕심을 내려놓고, 자신만의 속도에 맞춰야 한다. 일상에 글쓰기 시간을 자연스럽게 포함해 보라. 글쓰기는 자신과의 대화가 되어, 마음의 정리와 안정을 도와준다.

새벽 필사와 감상 글쓰기 : 나를 발견한다

_____

새벽에 일어나 필사와 감상 글쓰기를 시작하면서, 글쓰기가 단순히 내 생각을 기록하는 것 이상의 의미를 지니게 되었다. 필사로 시작한 글쓰기는 나를 작가로서의 길로 이끌었고, 필사 후 감상 글을 쓰면서 자기 생각을 정리하고 감정을 표현하는 데 큰 도움이 되었다. 필사와 감상 글쓰기의 루틴은 나의 글쓰기 능력을 키워주었고, 결국 책을 쓰기 시작하게 만든 계기가 되었다. 글쓰기를 통해 내 경험을 더 깊이 이해하고, 미래의 작가로서의 길을 확립하게 된 것이다. 필사와 감상 글쓰기의 힘을 경험해 보면, 글쓰기가 자신을 성장시키는 데 도움이 된다는 것을 깨닫게 될 것이다.

소음 문제에서 얻은 나만의 글감

이사를 하면서 겪은 소음 문제는 처음엔 큰 걱정거리가 되었지만, 그 문제를 글감으로 삼아 글을 쓰다 보니 마음의 평화를 찾을 수 있었다. 글쓰기는 어려운 상황을 객관적으로 바라보고, 자신의 감정을 정리하며 문제를 해결하는 데 도움을 준다. 문제를 글로 풀어내면 감정이 정리되고 해결 방법도 명확해지곤 한다. 글쓰기는 삶의 모든 순간을 기록하고 성장의 밑거름으로 활용할 수 있는 강력한 수단이 된다.

도전이 만들어 준 나의 새로운 모습

글쓰기는 도전하는 삶을 살게 만든다. 매년 공모전에 도전하며 제안서를 준비하는 과정에서 도전은 실패의 위험을 감수하는 것이 아니라, 성장의 기회로 작용한다. 도전을 통해 자신의 목표를 명확히 하고 준비를 철저히 할 수 있게 되며, 그 과정에서 자신감도 얻게 된다. 결과가 어떻게 되든 도전 자체가 중요한 경험이 되고, 그 경험이 더 나은 기회를 준비하는 데 도움을 준다. 글쓰기를 통해 도전의 가치를 깨닫고, 이를 통해 성장할 기회를 찾아보자. 도전은 여러분의 삶을 변화시키고, 새로운 가능성을 열어줄 것이다.

글쓰기를 통해 꿈을 명확히 하고
그 꿈을 실현해 나간다

"절실하지 않은 자는 꿈을 꿀 수 없다." – 공자

글쓰기를 통해 꿈에 대해 간절함을 표현하고, 꿈을 이루기 위한 구체적인 행동 계획을 세울 수 있다. 예를 들어, 나의 꿈은 노년에도 훌라춤을 추는 것인데, 이를 이루기 위해서는 건강관리와 꾸준한 춤 연습이 필요하다는 것을 글로 정리했다. 이렇게 꿈을 글로 표현하고 계획을 세우다 보면, 꿈을 이루기 위한 작은 단계들을 명확히 할 수 있다. 글쓰기를 통해 꿈을 더 구체적으로 정의하고, 그 꿈을 이루기 위해 해야 할 일들을 정리하며 자신감을 얻길 바란다.

글쓰기를 통해 발견한 진정한 나

글쓰기는 자신을 발견하는 좋은 방법이다. 책을 쓰고 싶다는 꿈을 가지고 있었지만, 실제로 무엇을 해본 적이 없던 시절과 비교하면, 글쓰기를 시작하면서 나다움을 찾게 되었다. 다른 사람과 비교하기보다는 자기 경험과 메시지를 진솔하게 담아내는 것이 중요하다. 글쓰기를 통해 나의 경험을 나만의 목소리로 표현하고, 자신의 성장과 변화를 경험해 보길 바란다. 글쓰기는 자신을 이해하고, 자기 발견을 통해 더 나은 자신이 되는 과정이 될 수 있다. 이 과정을 통해 자신감을 얻고, 글쓰기를 통해 더욱 나다움을 찾을 수 있다.

호칭이 정의하는 나의 삶

_____

나는 "선생님", "작가님", "대표님" 등 다양한 호칭으로 불리고 있다. 이 호칭들은 내가 살아온 삶을 반영하며, 각 호칭에 맞는 역할을 수행하고 있다. 당신도 자신이 받은 호칭을 통해 자신의 삶을 돌아보고, 그 호칭이 자신에게 어떤 의미가 있는지 생각해보라. 과거에 어떤 길을 걸었는지, 현재는 어떤 모습을 하고 있는지, 미래에 어떤 모습이 되고 싶은지 고민해보면, 호칭이 어떻게 나를 정의하는지 이해할 수 있을 것이다.

포기하지 않는 꿈, 나의 끝없는 도전

꿈이 있다면 절대 포기하지 마라. 지금이 바로 그 꿈을 이루기 위한 시작점이다. 내가 원하는 그 이름을 듣고 있는 지금의 순간이 바로 내가 꿈을 이룬 삶을 살아가고 있음을 증명한다. 꿈을 이루는 과정은 언제나 쉽지 않다. 늦었다고 생각할 때가 가장 시작하기 좋은 때일 수 있다. 자신의 꿈이 무엇인지 명확히 하고, 그것을 실현하기 위해 계속해서 도전하라! 시간이 지나면서 꿈을 이루는 과정에서 얻은 경험과 성취감은 삶에 의미를 더해줄 것이다. 실패와 포기는 새로운 도전을 위한 발판이 될 수 있다. 꿈을 포기하지 말고, 지금, 이 순간부터 꿈을 향해 한 걸음씩 나아가라.

과거와 현재, 미래를 탐험하는
나의 글쓰기 여정

―――――――――

자신이 어떤 삶을 살아왔고 현재 어떻게 살고 있으며 미래에는 어떻게 살고 싶은지를 글로 써보자. 글을 쓰다 보면 과거와 현재, 미래의 자신을 만날 수 있다. 과거부터 현재까지 타인이 불러주는 이름은 그만큼 자신의 삶을 반영한다. 이를 통해 자신이 어떤 사람인지, 현재 어떤 모습으로 살아가고 있는지를 인식할 수 있다. 그리고 이제 미래에는 어떤 호칭으로 불리고 싶은지를 생각하며 도전하는 삶을 살아보라. 미래의 자신이 어떤 이름으로 불리게 될지 상상하고 그 목표를 향해 나아가는 것은 중요한 자기 성찰의 과정이 될 것이다. 글쓰기는 과거와 현재, 미래의 자신을 연결하는 다리 역할을 하며, 그 과정을 통해 더 나은 자신을 향해 나아갈 수 있도록 도움을 준다.

훌라댄스와 글쓰기의 유사성

훌라댄스와 글쓰기는 서로 닮았다. 처음에는 마음속에 담아둔 생각을 글로 표현하는 것이 서툴고 어려울 수 있다. 마치 훌라댄스를 처음 배울 때 동작이 어색한 것처럼 말이다. 하지만 꾸준히 연습하다 보면, 마음속의 감정과 생각을 자연스럽게 글로 풀어낼 수 있게 된다. 몸으로 표현하는 것처럼 글쓰기도 연습이 필요하다. 매일 조금씩 필사와 글쓰기를 통해 내면의 목소리를 글로 표현하는 법을 익히다 보면, 당신도 자신만의 이야기를 멋지게 써 내려갈 수 있을 것이다.

글쓰기를 통한 성장

───────────

　글쓰기는 인생에 긍정적인 변화를 가져다준다. 만약 내가 더 일찍 글쓰기를 시작했다면, '못할 거야'라는 말을 하지 않고, 도전에 나섰을 것이다. 글쓰기를 아직 시작하지 않았다면, 후회하지 않도록 지금 바로 시작하길 권한다. 일찍 시작할수록 더 큰 효과를 얻을 수 있다. 글쓰기를 통해 긍정의 메시지를 전하게 되면, 어떤 시련이 닥치더라도 그 상황을 긍정적으로 바라보는 힘을 얻게 된다. 글쓰기는 당신이 어려운 일을 이겨내는 데 큰 힘이 될 것이다.

글쓰기를 통해 찾은 나의 새로운 에너지

<hr/>

글쓰기는 매번 새로운 마음가짐과 활력을 불어넣어 준다. 글을 쓰면서 에너지가 충전되고, 지친 마음이 빠르게 회복되는 경험을 할 수 있다. 직접 시도해 보라. 해보지 않으면 그 변화를 실감할 수 없다. 다양한 경험과 메시지를 글로 담다 보면, 어느새 당신의 삶 자체가 한 권의 책이 될 것이다. 나 역시 100세까지 건강하게 훌라춤을 추며, 그 여정을 글로 기록하는 작가로 사는 삶을 이어가고자 한다. 당신도 글쓰기 여정에 동참해 보길 바란다.

CHAPTER 4

곽리즈

글쓰기가 삶의 원동력이다

이민자의 삶

시간이 지나고 세월이 아무리 흘러도 변하지 않는 것들이 몇이 있다. 비록 한국 국적을 포기하고 캐나다 시민으로 살아가고 있지만, 한국은 여전히 나의 모국이다. 그래서 이민자의 삶 속에서 한국인의 정체성을 잃지 않으려는 노력은 나에게 더욱 절실하게 다가온다. 새로운 환경 속에서도 무의식적으로 뿌리를 지키려고 부단한 노력을 하며 살아가고 있다. 어쩌면 한국보다 더 한국적으로 살아가는 것이 이민자의 삶이라고 해도 과언이 아니다. 나는 김장을 하며 된장을 만들어 먹는다. 봄이 되면 텃밭에서 쑥을 캐고, 민들레를 캐고 참나물을 뜯어 봄나물을 묻혀 먹는다. 이른 새벽 칼바람을 마시며 산마늘을 뜯으러 나선다. 산속 깊은 곳, 모기에게 수혈을 마다하며 고사리를 꺾는다. 우리 민족의 고유한 전통과 언어를 지키기 위해 나는 무언의 노력을 기울인다.

캐나다 이민의 자녀, 중학생 되기 전
한글을 가르쳐야 한다

나는 자랑스러운 코리언 캐네디언이다. 이 지구상에 자신의 고유한 언어가 있는 민족은 몇이나 될까? 한국인은 과학적이고 체계적인 훌륭한 독창적인 글을 가진 단일민족이다. 이 얼마나 세종대왕님께 감사할 일인가? 우리는 축복받은 민족이다. 캐나다 아이들은 영어는 크면서 그냥 자연스럽게 배우게 된다. 한글은 어려서 배움의 시기를 놓쳐버리면, 아이는 한글에 관한 관심을 잃어버리게 된다. 중학생이 되기 전까지 부지런히 가르쳐야 한다. 그 후에는 스스로 공부할 힘이 생기기 시작한다.

코리언 캐네디언,
다음 세대를 위하여 할 일은?

한국의 대표 음식인 김치와 된장은 세계 10대 슈퍼푸드에 속할 정도로 훌륭하다. 나는 젊은 엄마 아빠들에게 전하고 싶다. 다음 세대를 책임질 우리 아이들에게 부지런히 한글을 가르치고, 한식을 먹일 것을 당부하고 싶다. 한식도 어려서부터 먹여야 한다. 그렇지 않으면 서구화된 아이들의 입은 김치랑 된장을 싫어한다. 아이들은 이 땅에서 한국인으로서의 자긍심을 갖고, 당당하게 살아갈 수 있어야 한다. 코리언 캐네디언으로 다음 세대를 이끌어갈 주인공들로 자리매김할 수 있도록 부모님의 도움이 절실히 필요하다.

밥상머리 교육

쉐마학교에서 한복을 곱게 차려입고 '밥상머리' 교육을 진행했다. 한복을 입을 기회가 많지 않은 이국땅에서 좋은 경험이었다. 또한 '밥상머리' 교육을 통해서 어른들과 함께 밥을 먹으면서 예절과 교훈 그리고 지혜를 배우고, 가족 간의 돈독한 정이 생겼다. 한 달에 한 번씩 진행했던 밥상머리 교육의 날이 되면, 엄마들은 정성껏 한식을 준비했다. 각 가정에서 가장 좋은 그릇에 음식을 담아 함께 나누어 먹는다. 밥상머리 교육에서 가족의 소중함과 사랑 그리고 가족의 끈끈한 정을 느낄 수 있었다.

토론토에서 어린이집 아침 인사

_____

    나는 토론토에서 어린이집 교사로 일하고 있다. 나는 아침 출근과 동시에 아이들에게 인사를 한다. 교실 문을 열자마자 "안녕"이라고 말한다. 동료 이탈리언 선생은 "본조노"로 맞인사를 한다. 어린이집은 학기 중 교육청에서 감사가 나온다. 나는 감사가 나왔을 때를 대비해서, 나의 모국어인 한국어를 아이들에게 사용하곤 한다. 다른 나라 언어를 사용하는 것은 제2외국어를 가르친다는 것을 의미한다. 영어가 아닌 다른 언어를 사용하는 것은, 감사가 나왔을 때 좋은 평가 점수를 받을 수 있는 하나의 좋은, 효과적인 방법이다.

내가 먼저 행복을 나눠주는
친구가 되어주자

———————————

친구(Friend)라는 단어의 어원은 사랑하는 사람이라는 뜻이 내포되어 있다. 사랑하는 사람은 여러 종류가 될 수 있지만, 친구도 사랑하는 사람이라는 뜻이 있는, 친한 사이를 말하는 것이다. 친구는 사랑의 관계로 엮어져 있다. 사람들은 흔히 말하길, 친구를 보면 그 사람의 됨됨이를 알 수 있다고 한다. 그러므로 친구는 소중하며 중요하다. 행복한 친구들과 함께하면 행복한 사람이 된다. 그러므로 내가 먼저 행복을 나눠주는 친구가 되어주자.

"What is the magic word?"

간식을 먹기 위해 테이블에 앉을 때도 예의를 지켜야 한다. 바르게 앉아야 한다. 허리를 곧게 펴고 엉덩이를 충분히 의자 뒤로 빼서 앉아야 한다. 그리고 의자를 최대한 테이블 가까이에 당겨서 앉는다. 음식을 더 먹고 싶을 때는 매직 워드(magic word)를 사용해야 한다. 공손하게 "더 주세요."(more please)라고 해야 한다. 안 그러면 아이들에게 리마인드를 시킨다. "What is the magic word? 즉, 마법의 단어는 무엇이니? 하고 질문을 하면 아이들은 곧바로 대답한다. "Please."

원아 훈육 방법

나는 아이들의 미소를 통해 에너지를 얻는다. 힘들고 피곤할 때 아이들의 웃는 모습은 마법과 같이 나에게 새 힘을 준다. 비타민이 따로 없다. 맑고 밝은 천사 같은 아이들의 모습에서 나는 꿈을 꾼다. 좋은 친구가 되어주고자 다짐한다. 때로는 말 안 듣고 힘들게 하는 친구들도 있다. 그럴 때 나는 아이들에게 물어본다. "너는 내 친구니?" 아이들은 한 치의 망설임도 없이 대답한다. "응, 나는 네 친구야." 신기할 정도로 아이들은 울거나 떼쓰던 행동을 멈춘다. '친구'라는 단어는 이 나이 또래 아이들에게 마법처럼, 무기와 같은 힘이 있다. 친구라는 이름은 울거나 떼쓸 때, 이곳 아이들의 '훈육 방법' 중 하나로 사용하고 있다.

우리는 모두 친구다

─────────────

아이들이 귀한 시대를 살아가고 있다. 가정에서도 아이들은 귀하다. 모두 공주님이고 왕자님이다. 그 귀한 자녀들을 가르친다는 것이 교사로서 한 번씩 버거울 때도 있다. 학교에서는 규칙이 있으므로 그것을 배우며 따라야 한다. 모든 아이가 다 그런 것은 아니지만, 이미 혼자 놀기에 익숙해져 버린 우리 아이들이다. 가정에서 아이들이 혼자이거나 귀하게 자라다 보니 친구와 장난감을 나누어 놀아야 하는 개념이 약하다. 친구가 장난감을 갖고 놀고 있으면, 자기 차례를 기다릴 줄 알아야 한다.

나의 또 다른 가족

─────────────

  나에게 꼬마 친구들은 특별한 존재들이다. 나와 하루 중 가장 오래
도록 함께 시간을 보내는 것은 다름 아닌 꼬마 친구들이다. 가족이나
내 또래의 친구들보다도 더 많은 시간을 나는 이 꼬마 친구들과 함께
보낸다. 어찌 보면 나의 또 다른 내 가족이라고 부를법하다. 나는 이
들과 함께하는 시간 내내 맘껏 뛰놀고 웃고 이야기를 나눈다. 무한한
가능성을 가진 아이들에게 나는 함께하는 보람과 기쁨을 느낀다. 나
는 이 아이들이 더욱 나은 사람으로 성장하고 발전할 수 있도록 돕는
중보자 역할을 한다.

희로애락 & 인생지사 새옹지마

'희로애락'은 우리의 삶을 사자성어로 잘 표현한 말이다. 기쁨과 노여움, 우리는 슬픔과 즐거움의 여정을 걸어가는 것이 인생이다. 항상 기쁜 일만 우리 앞에 있을 순 없다. 그렇다고 항상 화가 나는 슬프거나 나쁜 일만이 있을 순 없다. 그래도 인생은 살만하다. 살면서 다양한 굴곡을 만난다. 이 또한 지나가리, 즐기면서 행복하게 살자. '인생지사 새옹지마'라고 하지 않는가? 좋은 일에는 화가 따르는 법이고, 화가 일어난 후에는 반드시 좋은 일도 일어난다는 뜻이다. 나쁜 일이 일어났다고 좌절하거나 부정적인 생각만 할 필요는 없다. 그렇다고 기쁜 일이 생겼다고 마냥 호들갑 떨 필요도 없다.

글쓰기는 삶의 원동력이다

─────────────

글 쓰는 삶이란 정해진 것이 아니다. 누구나 쓸 수 있는 것이 글이다. 어떤 상황에서도 쓸 수 있는 것이 글이다. 글을 쓰다 보면 글이 친구 같은 느낌도 받는다. 글이 조용히 나에게 다가와 다정히 말을 건넨다. 힘들 때도 기쁠 때도 아무 때나 삶을 글로 써보자. 글을 쓰면서 위로도 받고 어떨 때는 마음을 정리하는 데 도움이 된다. 한 꼭지 한 꼭지를 마감할 때 찾아오는 보람은 내 삶에 또 다른 원동력이 된다.

글쓰기 아무나 할 수 있다

글을 쓰고 책을 쓰기 위해서는 용기가 필요하다. 그것은 결단하는 용기이다. 대부분, 사람들은 글을 쓰기도 전에 이런 생각들을 먼저 한다. '내가 과연 할 수 있을까? 난 재능이 없어. 글은 유명한 사람들만이 쓰는 거야.' 나 또한 그렇게 알고 그렇게 생각하고 있었다. 그러나 지금 우리는 누구나 글 쓰는 시대를 살아가고 있다. 나는 글 쓰는 것은 어떤 천부적인 재능이 있어야 가능한 것이 아니라는 것을, 필사를 통해서 깨닫게 되었다. 물론 재능이 있으면 더 수월하게 쓸 수 있는 것은 맞다. 그러나 글쓰기는 아무나 할 수 있다.

시도하지 않으면 100% 실패만 있을 뿐이다. 도전하라

'도전하면 50%라도 성공 확률이 있지만, 시도하지 않으면 100% 실패만 있을 뿐이다.' 글을 쓰고 책을 쓰기 위해서는 용기가 필요하다. 한번 도전해 보아라. 성공을 확신하고, 글쓰기를 시작한다면 분명 잘할 수 있으리라 믿는다. 무엇을 하든지 '나는 잘할 수 있다.'라고 자신을 믿어주고 도전하는 마음에서 시작한다. 글쓰기도 마찬가지로 자신을 믿고 시작하면 얼마든지 좋은 글을 쓸 수 있으리라 확신한다. 시작이 모든 것을 좌우한다. 무작정 써보면 써진다. 날마다 쓰면 글쓰기도 실력이 늘어난다.

해외에서 얼마든지 필사하고
글쓰기 가능하다

나는 글을 쓰기 위해서 누가 하라고 해서가 아니라, 나 스스로 필사를 하고 책을 읽어야 함을 인식하며 그렇게 해나가고 있다. 아마도 필사를 몰랐다면, 책 쓰기도 못 했겠지만, 당연히 지금도 책은 나랑 상관이 없는 글 쓰는 작가들에게만 속한 것으로 알고 있었을 것이다. 글을 쓰기 위해서 책에 관심을 두다 보니 책을 읽을 수 있는 새로운 경로도 알게 되었다. 종이책이 아니더라도 E-book으로 얼마든지 필사를 할 수 있고 책을 읽을 수 있게 되었다.

기회를 잘 포착하라

쓸까? 말까? 고민하고 미루다 보면 기회는 주어지지 않는다. 기회는 내가 만드는 것이고 잡는 것이다. 어떤 일을 만났을 때 기회를 잘 포착하고 도전한다면 좋은 결과물은 이미 만들어져 있다. 더 나은 삶을 살아가고 싶은 마음이 있다면 글을 써보라고 권하고 싶다. 책 읽고 글 쓰는 삶은 우리의 심지를 굳건히 만들어 주고 스스로 자아가 단단해지는 것을 경험한다. 무엇을 쓸까? 염려하지 말고 그냥 써라 개인의 메시지가 가장 차별화된 독보적인 것이다.

품고만 있는 꿈은 죽은 꿈이다. 당신이 행동할 때다

책 쓰기가 평생 꿈이었다면, 주저하지 말고 지금부터 필사를 먼저 해라. 나는 필사를 통해서 '나도 글을 쓸 수 있겠다'라는 자신감을 얻게 되었다. 꾸준한 필사는 내가 글을 쓸 수 있도록 지지대 역할을 한다. 책을 읽고 더 나은 글을 쓰기 위해서, 나는 읽고 쓰는 것으로, 스스로 노력하며 멈추지 않고 있다. 꿈을 이루고자 원한다면 용감한 행동이 필요하다. 꿈은 이루라고 있는 것이지 마음에 품고 있으라고 있는 것이 아니다. 꿈은 펼쳐야 한다. 마음속에 품고 있는 꿈은 죽은 꿈이다. 이제 글을 쓰기 위해 당신이 행동할 때다. 필사를 먼저 시작해라.

하루하루의 삶을, 글 속에 녹여 내라

━━━━━━━━━━

    책 쓰는 삶은 특별하다. 책을 쓰다 보면, 보다 진보되고 나은 사고를 하게 되는 장점도 있다. 책이라는 결과물을 통해서 더욱더 겸손해지며 책처럼 정직하게 살고자 노력하며 사물을 바라는 겸허함이 생긴다. 우리의 인생이 소중하다고 생각하지 않는가? 그렇다면 소중한 순간들을 놓치지 말고 글 쓰고 책 쓰는 삶에 도전하길 바란다. 이 땅에 살아 숨 쉬는 하루하루의 삶을, 글 속에 녹여 내는 멋진 글쟁이로 살아간다면 당신도 분명히 새로운 세계를 만날 것이다.

CHAPTER 5

최정님

삶이 고될수록,
글쓰기로
자신을 care해라

감동이 흐르는 나만의 강을 상상하면서
나는 글을 쓴다

나에게 감동이 찾아오면 자연스럽게 글을 쓴다. 하루에도 수없이 찾아드는 감동이 바람처럼 사라지면 우리의 소중한 시간도 무의미하게 놓치고 만다. 나만의 언어로 글을 쓴다. 자신을 성찰하고 삶의 의미를 찾는다. 우리는 유한한 삶에서 후회 없는 삶을 살아야 한다. 나의 감정을 살피고, 좋았던 감정은 저장하고, 나빴던 감정은 마음의 그릇을 키우는 재료로 삼아본다. 글을 쓰면서 평범했던 일상이 특별해졌다. 감동이 흐르는 삶, 그 샛길에서 발견한 씨앗은 나를 위해, 나의 잠재력을 꽃피워 줄 것이다. 나의 글과 함께 점점 좋아지는 인생을 맛보게 될 것이다. 자신의 인생을 얼마나 사랑하는가?, 질문해야 한다. 읽고 쓰면서 내 감정이 서서히 정리 정돈된다. 그리고 감동이 흐르는 나만의 강을 상상하면서 글을 남긴다.

삶이 고될수록, 글쓰기로 자신을 Care 해라

　우리의 삶은 불안의 연속이다. 삶이 버거울 때 우리는 어떻게 벗어나는가, 어떤 노력을 나 자신에게 기울여 주는가. 생각해야 한다. 소중한 시간이 흘러가기 전에 각성해야 한다. 나의 내면을 살펴주어라. 자신 외에는 누구도 확실한 삶의 답을 주지 않는다. 삶에 대한 최종 결정자는 바로 자신이다. 글쓰기로 나는 어떤 길을 선택할 것인지 자신만의 생각을 정리하고 삶을 정돈한다. 명확해진 사고로 불안의 원인을 찾고 치유하며 마음을 비워야 한다. 그래야 또 채울 수 있다. 나를 다독이고 자신을 위로해 주어야 한다. 그리고 나만의 글을 써야 한다. 기록이 선사하는 충만함을 경험하게 될 것이다. 고된 삶이 글로써 재충전되는 것이다. 허물어진 일상이 생기를 찾고 의식이 활성화되는 경험을 해보자. 자신을 가장 먼저 챙겨주자.

내 삶의 주인은 나. 기억해라

나 자신이 누구인지 깨닫지 못한다면. 우리의 인생은 타인의 수도 하에 수동적으로 살아간다. 자신의 의지와 전혀 다른 삶을 사는 것이다. 내 삶의 주도권을 상실한 채 시간만 허비하는 것이다. 나만의 방법을 모색해야 한다. 적절한 기준과 목표를 정한다. 놓치기 쉬운 순간을 잘 관리해야 한다. 나는 자판 필사를 하고 글을 쓰면서 나만의 방법을 찾았다. 기준을 정하고 내 삶의 주도권을 나에게 있다. 필사라는 쉬우면서 꾸준한 행동이 주는 대가다. 우리는 가끔 불리해진 상황 때문에 당황하게 된다. 상황에 몰입한 나머지 그 상황이 '나'라고 착각하며 한순간에 기회는 달아난다. 글쓰기는 마법이다. 자신과 대면하고 사유하며 농익은 통찰을 통해 해법을 찾는다. 삶의 주인이 '나'라는 것을 깨달아야 한다. 잊지 마라. 삶의 주인은 나 자신이다.

내 소중한 추억, 기억 저편으로
사라지기 전에 글로 남겨라

우리는 수많은 추억과 감동을 마음속에 간직하고 산다. 지금도 쌓여가고 있다. 우리의 추억은 무의식과 의식에 간직한다. 그러나, 기억력은 점점 떨어지고 추억은 흔적조차 남지 않는다. 우리의 소중한 삶의 일부가 사라지는 것이다. 글을 쓰기 전과 후가 다른 것은, 글이 삶이 되는 순간 나의 흔적을 글로 남긴다는 것이다. 특히, 엄마에게 아이들은 최고의 글감 주인공이다. 엄마가 품은 마음을 기록하면서 가족의 소중함과 특별함을 간직한다. 추억 속에서 특별한 가족애를 느끼고, 함께한 순간들이 글감이다. 영원함을 기대하며 글을 남긴다. 기억이 사라지기 전에 글로 저장해놓자. 삶의 혼돈 속에서도 흔들림 없는 삶을 살게 될 것이다. 소중한 추억이 빛이 되어.

보잘것없어 보였던 삶,
사실은 가치 있는 글감이었다

_____

글은 우리에게 잊고 지내던 순간을 생생하게 만든다. 어느 것 하나 무의미한 것이 없다. 평범한 삶이지만 그 속에 거대한 가치를 품고 있다는 것을 알려준다. 우리의 삶은 소중하다. 사람들과 끊임없이 관계를 맺으며 살아야 한다. '함께'라는 유대감과 '함께'해서 할 수 있다는 자신감과 연대 의식을 통해 살아간다. 진정한 어른으로 성장을 하는 것이다. 시간과 함께 한 경험이 깊이 있는 내공의 소유자로 삶을 대하는 태도와 관점이 변화한다. 독립적인 나로 재탄생되는 것이다. 삶에 자신 있고 도전할 용기가 생긴다. 살다 보면 삶의 길과 방향을 잃을 때 아주 유용할 것이다. 보잘것없어 보였던 삶, 내 삶을 글로 풀어 내보자. 거대한 가치를 발견하게 될 것이다.

내가 쓰는 글이
바로 나 자신이고 내 감정이다

대개는 정확한 감정을 표현하지 못한 채, 차오르는 다양한 감정을 억누르면서 산다. 표현할 적절한 시기를 놓치고 우리는 후회하게 된다. 진정한 마음을 표현하고 전해야 한다. 지금, 이 순간에 집중하자. 우리의 삶은 만남과 헤어짐의 연속이다. 때를 놓치면 절대 할 수 없는 것들이 무수히 많다. 마음에 담은 나의 감정을 표현하면서 삶을 살아야 한다. 우리가 받았던 사랑과 감동이 연기처럼 사라지지 않게 하자. 글로 남겨본다. 내 마음에 감정이 흐를 때를 섬세하게 포착해서 감동을 글로 적어본다. 바쁜 삶이 내 발목을 잡아도 감동이 흐르면 낚아채서 글로 남겨보자. 순식간에 사라진다는 것을 명심해야 한다. 다양한 만남에서 수시로 찾아드는 감동이 글로 채워질 때, 우리는 똑바로 걷게 될 것이고 삶에 대한 의미도 찾게 된다. 수시로 찾아드는 감동이 흐르면 나는 글을 쓴다.

마음을 담지 못할 때 글로 남겨라

말이 마음의 크기를 담지 못할 때가 많다. 글이 아니었다면 귀중했던 순간들이 기억 저편에서 묻혔을 것이다. 글을 쓰다 보면 과거의 기억이 생생하게 떠오르고, 누군가와 했던 약속이 생각난다. 그리고 약속을 지키기 위해 다시 마음에 새긴다. 소중한 삶이 글로 표현되는 지점이다. 약속과 다짐 그리고 은혜를 기억한다. 내 마음이 얼어 힘들 때, 나에게 최고의 힘이 될 것이고 강력한 에너지를 원천이 된다. 바로 누군가의 따뜻한 배려로 내가 살아갈 힘을 얻는 것이다. 영향력 있는 도움은 또 다른 나의 삶의 길이 된다. 진실을 배우고 베풂의 정석을 배운다. 말이 마음을 담지 못할 때 글을 쓰라. 삶이 감동으로 뭉쳐 있고 감사가 저절로 나올 때, 더 좋은 사람으로 살아야 할 의무감을 느낀다. 그리고 감동이 찾아오면 자연히 글을 쓴다. 내 마음의 크기를 가늠해 보라.

행복의 목표치를 낮추고
행복의 빈도를 높여라

삶을 아끼고 사랑하는 진정한 방법은 무엇일까? 모든 삶에 숨은 가치를 발견하는 안목을 키워야 한다. 작은 종이, 가족사진 한 장으로 얼마든지 글을 쓰고 그 속에서 상황에 대한 답을 찾는다. 영원히 잊고 살 수 있었던 누군가와 사소하지만, 아름다운 추억에서 하고 싶은 말을 듣기도 한다. 사진 한 장으로 과거의 나로 거슬러 가본다. 보석 같은 감정을 읽는다. 잃어버린 시간을 되찾고 기분 좋은 유영을 한다. 서로 아끼고 사랑하라는 메시지를 남기면서. 우리는 행복하기 위해 산다. 행복해지기 위해 나는 행복에 대한 목표와 기대치를 낮췄다. 살면서 터득한 나의 지혜다. 행복의 목표치를 낮추면서 행복의 빈도를 높인다. 작은 것을 소중히 다루는 연습이 필요하다. 작아도 소중한 감정은 행복과 감동을 남기며 특별한 추억으로 우리의 삶을 지탱해 줄 것이다. 나는 믿는다.

나의 아버지, 그리움과 올바른 선택

아버지의 사랑으로 올바른 판단을 한다. '아버지라면 어떻게 판단할까?' 나는 아버지가 물려주신 정신적인 유산을 삶에 적용하며 산다. 아버지만의 방식으로 아끼는 마음을 내어 주신 것에 나의 방식을 보탠다. 가족에 대한 사랑은. 각자의 환경과 특성에 따라 다르게 나타나지만, 그 본질은 같다. 물론. 마음을 솔직하게 표현하기란 쉽지 않지만, 나의 아버지처럼 어느 날 갑자기 존재하지 않을 수도 있다는 것이다. 솔직한 마음을 펼쳐야 한다. 담아 둔 마음은 아무도 모른다. 아버지의 진정한 사랑을 깨닫는 데 많은 시간이 걸릴 수 있다. 글을 쓰다 보면 글이 나를 이끌어 주고 가슴 깊이 아버지의 사랑을 담아본다. 아버지의 그리움 속에서 올바른 선택을, 최고의 선택을 한다.

삶이 품은 깊은 뜻이 바로 글이 된다

글쓰기는 삶을 잡을 수 있는 유일한 도구이다. 내가 존재하는 이유와 나를 정확히 파악하게 된다. 모든 시작점은 나 자신이다. 나를 정확히 알아야 한다. 독서와 글쓰기를 권해본다. 나를 아끼는 가장 쉬운 방법이 될 것이다. 글로 다듬어진 나를 대면 해보면 알게 될 것이다. 스스로 귀한 존재라는 것을 깨닫게 될 것이다. 우리가 눈 뜨는 아침이 귀하고 우리가 숨 쉴 수 있게 만든 모든 것들이 감사했다. 글을 쓰면서 감사함이 강물처럼 흘러넘친다. 자신을 정확히 알고 자신을 소중하게 다루려고 노력하는 나를 발견할 것이다. 주어진 삶의 유한함을 깨닫고 순간의 소중함을 알게 된다. 보는 글이든 쓰는 글이든 글은 그렇다. 특히, 나를 돌아보는 시간과 우리의 정신을 채우기에 글쓰기만큼 좋은 것은 없다. 삶이 품은 깊은 뜻은 나로부터임을 기억하자.

꿈꾸는 자가 꿈을 현실로 만든다

우리는 자면서 꿈을 꾼다. 기분 좋은 꿈을 꾸고 나면 하루가 행복하다. 꿈은 생각이 반영된 것이다. 왠지 이루어질 것만 같아 현실인지 꿈인지 구분이 안 될 때가 있다. 생각하던 것이 실제로 이루어지기도 한다. 그렇게 생각이 현실이 된다. 어떤 꿈을 꾸고 있으며 희망을 품고 삶을 대하는지 살펴보아야 한다. 우리가 꿈꾸고 상상한 것들이 이루어진다는 사실을 기대하며 우리는 살아야 한다. 원하고 꿈꾸는 것을 이루고 싶은가?, 꿈을 갖는다는 것은 행복이다. 꿈이 있는 사람이 주변을 밝히고 긍정적인 메시지를 남긴다. 꿈을 실현하고 싶다면, 명확한 목표를 세워 도전하고 어제와 다른 나 자신으로 살아야 한다. 매일 조금씩, 규칙적인 실천은 삶에 대변혁을 일으킨다. 나 자신을 위해 내가 꿈꾸고 원하는 것이 무엇인지 찾아야 한다. 나는 글을 쓰면서 내 마음에 묻고 답한다.

글쓰기는 막연했던 감정을
자신감으로 채우게 한다

우리는 막연히 잘 살아야 한다고 생각한다. 바로 자신을 찾지 않고 사는 것이다. 나는 책 쓰기에 도전한다. 글쓰기를 시작할 때, 글에 대한 자신이 없었다. 하지만 도전하지 않는다면 어떤 것도 이룰 수 없다. 쌓이는 시간과 노력만큼 자신을 찾고 꿈이 이루어진다는 확신이 섰다. 자신의 긍정적인 변화와 성취감을 맛보아야 한다. 성취감은 더 많은 변화를 시도하게 한다. 삶의 모든 부분에서 두려움은 사라지고 긍정적으로 변화한다. 나에게 글쓰기는 흐트러진 의식을 바로 세워주며, 자신을 성찰하고 삶에서 경험한 지혜와 가치를 공유하게 한다. 더불어 나의 존재 이유와 글을 써야 하는 이유를 찾게 한다. 내 정신은 살아나고 내 삶이 풍요롭게 영글고 있다. 삶의 막연함에 벗어나고 싶다면 글로써 나를 다독여야 한다, '난 잘할 수 있어,' 라도 스스로 일으켜 세울 것이다.

타인과 함께하는 삶에서
진정한 나로 살아가는 법

_____

　우리에게 주어진 삶은 유한하다. 자신을 사랑하고 자존감을 회복하자. 나 자신을 우선시해야 한다. 책을 쓰면서 경험한 긍정적인 변화로 세상을 바라보는 내 시선도 변했다. 밖으로 향하던 시선이 나로 향하면서 자신을 불편한 상황에 두지 않는다. 부정적인 것에 멈춤 버튼이 작동하고 반응하지 않는다. 시선을 밝고 긍정적인 곳에 두어야 한다. 무엇보다도 타인의 시선에 머물지 않으며 당당하게 산다. 내면에서 우러나오는 진정한 나의 목소리에 귀를 기울이고, 정확한 의사를 표시한다. 나의 강점을 찾으며 특별한 나의 자아를 인정한다. 글을 써보자. 글 쓰면 내가 나를 아끼고 사랑하면서 단단해지고 당당해진다. 당당함은 타인과의 삶 속에서 흔들리지 않으며 내 인생의 주인공으로 살게 한다. 바로 나만의 언어로 나만의 향기를 풍기며 사는 것이다.

글을 쓰면서 내가 누구인지
진지하게 생각해 본다

글을 쓰다 보면 내가 누구인지 생각한다. 그렇다면 나는 누구이고 나 자신의 행복을 위해 어떤 것으로 나를 채우며 살고 있는가?, 나는 행복한가?, 나에게 질문을 던진다. 글을 쓰기 전과 글을 쓴 후의 질문에 대한 대답은 다르다. 나 자신에게 말을 걸어 본 적이 없다. 우리는 삶에 최선을 다해 사는 것 외에 진정 소중한 나를 돌아보거나 살펴주지 않는다. 그런 이유로 행복한 순간에도 불안이 자리하는 것이다. 내가 없기 때문이다. 그래서는 완전한 행복을 누릴 수가 없다. 유한한 삶이라는 사실과 지금, 이 순간의 행복을 추구해야 한다는 사실을 깨달아야 한다. 글을 쓰면서 알게 된 최고의 변화이다. 나는 누구인가? 가치 있는 나로 변화하고 싶은가? 내면을 다지고 기록하면서 가치 있는 변화를 경험해야 한다. 왜 나 자신을 사랑해야 하는지 이유를 알게 될 것이다.

행복의 시작점은 나 자신이다

행복의 시작은 나 자신임을 명심하자. 나의 행복은 좁게는 가족의 행복으로 이어지고 넓게는 사회로 전파된다. 행복은 나눌수록 풍요로워진다. 누군가의 희망이 되며 삶의 의지가 되어 살아가며 따뜻한 사회를 만든다. 모든 시작의 근원은 나 자신이고 나의 잠재력 또한 나를 위해 힘을 내줄 것이라 믿는다. 가끔 조용한 곳을 정해 나만의 온전한 시간을 할애하여 자신과 대면해 보자. 온종일 많은 생각들로 우리의 뇌는 지쳐 있고 나의 내면도 위로받길 원한다. 잠시라도 온전히 쉬게 해주자. 글을 쓰다 보면 마음의 힘은 자연히 강해진다. 행복의 빈도도 높아진다. 행복이라는 소중한 가치는 나눌수록 좋다. 조용히 글을 써보길 권한다. 나도 모르는 힘이 나를 이끌어 줄 것이고 삶에 대한 희망과 행복이 나에게 오는 것을 느낄 것이다. 내가 나여서 좋다는 깊은 진리를 깨닫는다.

찰나의 순간이 글이 되는 삶

찰나의 시간. 생각 없이 그냥 지나쳐 버리기 쉽다. 글을 쓰기 시작하면서 내 일상의 변화 중 하나는 기록의 생활화이다. 글로써 일상을 분석한다. 무한한 가치를 담고 있는 나의 삶을 놓치지 않기 위해서다. 무심코 지나치는 짧은 순간에 일어난 일상이 품은 뜻을 살핀다, 우리 삶에 의미를 부여하며 가치를 발견하고 '왜?'라는 질문으로 나를 자극한다. 이렇듯 삶의 답을 찾기 위해 했던 반복적인 행동과 습관은 삶의 새로운 패러다임이 된다. 퇴근길에 커피 향과 맛이 생각나 들렀던 카페에 혼자 앉아 글을 쓴다. 사소하지만 생각지 못한 나의 모습이며 글쓰기는 우리의 삶에 활력소가 된다. 살아있는 모든 것에 감사하며 순간의 소중함을 깨닫는다. 바로 찰나의 순간에도 글이 되는 삶을 살고 있다.

삶의 모든 순간엔 견고하고
빛나는 가치를 품고 있다

삶이란 신기하다. 어떤 생각을 가지고 삶을 대하고 접근하느냐가 중요하다. 과거의 사건을 자연스럽게 떠올려 기록해 보자. 대수롭지 않던 과거의 경험에서 빛나는 가치를 발견한다. 기록이 삶이 되어 나의 삶을 관찰하고 의미를 부여한다. 반추된 과거 속에서 현재에 대한 이유와 기회였음을 인지하고 삶을 유심히 살피게 한다. 그리고 글을 쓴다. 과거의 경험을 토대로 삶의 길을 찾는 것이다. 불가피한 경험에서 삶을 견디며 느끼는 기쁨을 알고, 나의 몫을 찾아 더불어 사는 삶이 얼마나 가치 있는지 깨닫게 한다. 사람을 제대로 알고 사람을 진심으로 이해하게 한다. 이처럼 글을 쓰면서 변화된 생각은 삶의 모든 순간엔 견고하고 빛나는 가치를 품고 있음을 인식하게 된다.

반백 년 산 나, 글쓰기 시작하고
매 순간 깨달음의 연속이다

───────────

  인생이 백이라치면 삶의 중반을 넘었다. 많은 인간관계를 맺으며 살아왔다. 귀하고 소중하다. 매 순간 친절을 베풀어 가슴에 남기자. 다정한 눈빛 가득 미소를 머금은 친절을 베풀어 보자. 상대의 미소가 남긴 여운과 기쁨을 맛보게. 소소한 감동이 내 가슴에 따뜻하게 쌓여 내 삶이 한층 더 풍요로워질 것이다. 나 자신을 위한 친절을 베풀고 따스한 시선으로 세상을 대할 때 나는 행복해질 것이다. '내가 글을 쓰지 않았다면?'. 삶을 제대로 알지 못했을 것이다. 사람에 대한 숭고한 가치를 모른 채 인생을 살았을 것이다. 글을 쓰면서 나는 내 삶의 매 순간의 감동과 함께 삶을 사랑하면서 인생 후반 길을 단단하게 만들 것이다. 관심과 칭찬을 아끼지 않으며 위안이 되는 삶이 꽤 괜찮음을 느끼게 해주고 싶다. 삶의 중반에서 글을 쓴다. 노년의 멋진 삶을 상상하면서.

CHAPTER 6.

김경부

글 쓰고 훌라 추며 평생
의미있게 살 것이다

시작의 순간은 누구에게나 온다

《훌라댄스 강사입니다》를 출간했다. 인생 첫 개인 저서이다. 훌라를 취미로 접하다가 실제 강사가 되기 위해 문을 여는 모든 순간을 쓰고 싶었다. 보통은 몇십 년 활동하면서 다양한 경험을 담아 책을 쓰는 경우가 많다. 그런데 내 경우는 성공의 길을 가기 위한 첫걸음, 생생한 이야기를 하고 싶었다. 첫발을 내디딜 때 실패하고 좌절한 이야기를 통해서 할 수 있다는 용기를 주고 싶었다. 누구든 무엇을 할 때 시작의 순간은 온다. 보잘것없는 애벌레가 아름다운 옷을 입고 자유라는 날개를 달고 날아가려면, 수없이 많은 몸부림과 기다림이 있다. 그 순수한 경험을 한 사람의 독자라도 내 글을 읽었으면 좋겠다는 마음이 들었다. 그제야 글을 쓸 용기가 생겼다.

하루의 고마움을 느끼는
신비로운 하루를 살고 있다

생각에만 머물러 있었다면 내 손에 책은 없었을 것이다. 하루하루 생생했던 그 현상을 글로 쓰면서 내게 수없이 많이 물어봤고 답했다. 내가 내린 결론은 '그럼에도 불구하고' 였다. 모든 것을 다 갖추고 있는 사람은 없다. 처음부터 잘하는 사람은 더욱 없다. 그런데도 포기하지 않고 꾸준히 하는 마음이 중요하다. 언제나 삶을 이끄는 주체는 나 자신이다. 변함없이 나와 함께 매일 새롭게 만들어가는 하루가 얼마나 아름다운가? 수많은 계절이 변화하면서 겨울이 지나 봄이 오는 사실이 경이롭다. 나무의 움이 트면서 얼마나 많은 반복된 얼음과 녹음 속에서 기다렸을까? 그 과정들이 있었기에 그 신비로움이 더 느껴졌다. 내가 느끼고 알아버린 순간이 아름답다. 그것이 살아있음의 증거이다. 그것이 기쁨의 원천이다.

나의 독자는 결국 나였다

———————

글을 쓰면서도 읽는 독자를 생각한다. 그리고 분명히 있다고 믿는다. 누가 읽을까 생각이 들겠지만 퇴고하면서 내가 쓴 글을 읽으며 첫 번째 독자인 내가 감동을 제일 먼저 받는다. 내가 쓴 글을 읽으며 그렇게 힘들었던 과거의 일들이 지금 나에게 얼마나 큰 도움이 되었는지 알게 된다. 과거를 달리 해석하는 나를 볼 때 그만큼 성장한 내가 대견할 때가 있다. 모든 순간에 내가 나를 들여다보며 객관적인 생각으로 다시금 보게 된다. 그럼 쓰렸던 감정도 '뭐 그럴 수 있지' 하며 훅 던져버리게 된다. 내가 감사하며 간직해야 할 아름다운 이야기들이 너무나 많으므로 굳이 던져버렸던 것들에 연연할 필요가 없다. 삶이란 그리 길지 않다. 하루하루에 매달린 행복 열매를 딸 수 있는 사람은 바로 '나'다. 그래서 생각도 철저히 관리해야 하는 사람도 '나'다.

내가 살아가야 할 이유

───────────

    살아있다는 느낌이 이렇게 좋다. 앞만 보고 무작정 달렸던 고달픈 세월도 있겠지만 그 시간이 어쩜 나를 이만큼 걸어가게 했을 것이다. 이제부터 잘 살면 된다. 하늘 보고 꽃도 보고 내 가슴이 뛰는 일을 하면서 살면 된다. 오늘이 내게 가장 젊은 날이라고 하지 않는가! 그날을 기록하는 일이야말로 행복하지 않은가! 모든 내 인생길의 살아가는 이야기는 그리 거창하지 않다. 그리 흥미롭지 않다. 하지만, 내겐 놀라울 정도로 희망차다. 매일 가는 길이지만 매번 다른 감정이 든다. 매번 다른 감사가 있다. 왜 감사한지 왜 내게 그런 일이 생겼는지를 곰곰이 생각해보면서 깨달아지는 순간, 세상을 다 얻은 것 같은 느낌이 든다. 어쩜 그것이 내가 살아가야 할 이유가 될 것이다.

대화의 고수가 되는 법

────────────

대화를 잘 끌어내는 고수는 두 가지를 잘한다. 충분히 잘 들어준다. 모든 촉각을 집중해서 눈을 맞추며 그 이야기를 경청한다. 고개를 끄덕거리거나 추임새를 넣어주며 잘 듣는다. 그리고 적절한 타이밍에 질문한다. 부드러운 어조로 정중하게 물어본다. 그럼 편안한 마음으로 그 질문에 관한 이야기를 이어간다. 그래서 그 사람에게 정보를 얻을 수 있다. 미처 말하지 못한 것도 센스있는 질문을 던지면서 기억나게 하고 아낌없이 모든 것을 이야기하게 만든다.

일상에서 행복을 찾는 비결

햇볕이 제법 따가워서 눈을 제대로 뜨지 못했다. 그래서 한강이 바라보이는 다리 밑에 앉았다. 마치 꽃과 하늘, 나무와 함께 따사로운 햇살을 받으며 샤워하는 느낌이 들었다. 묵었던 감정들을 끄집어내서 정화하는 느낌이 들었다. 강물은 흘러 흘러 어디론가 떠내려가는 듯 흐르고 흘렀다. 나는 지그시 눈을 감았다. 그리고 멍하니 앉아있었다. 혼자서 즐기는 평화로운 시간을 만끽하고 있었다. 새봄에 돋아난 싹이 터서 여린 잎을 내는 신비로운 색은 가지에 수많은 점을 찍어놓은 듯 연둣빛으로 환해졌다. 하늘과 조화로운 빛은 따뜻하고 다정했다. '이제 봄이구나!' 뜻밖의 여유가 주는 평화로움이었다.

나와의 데이트, '무슨 생각을 하고 있어?' 질문한다

───────────

매일 시작하는 하루가 좋다. 매번 다르게 내게 다가올 수 있는 기쁨이다. 아주 특별한 일상이 아니어도 한순간 선물처럼 내게 꽃이 다가온다. 꽃 한 송이가 들려주는 속 깊은 이야기를 들을 수 있도록 멈추어 물끄러미 바라본다. 나만의 시간을 만들며 생각한다. 잠시 멈추어서서 오늘 내 생각에 집중한다. '무슨 생각을 하고 있어?' 내게 질문을 던지고 기다린다. 그냥 지나치면 듣지 못한다. 답을 할 수 있는 충분한 시간을 때때로 주었으면 좋겠다. 그냥 시간표에 맞춰 계획한 대로 지키고 살아가는 것이 보람이라고 여기지 말자. 짬짬이 나에게 있었던 의미들을 남을 대하듯 신중하게 나를 대하면 좋겠다. 웃으면서 여유 있게 꽃도 보고 하늘도 보고 행복한 미소를 지어 보자.

글쓰기의 의미, 뜨거운 가슴의 소리를 글로 남긴다

'내가 글을 쓰는 이유가 뭘까?'

내가 글을 쓰는 이유는 간단하다. 차가운 머리가 아닌 뜨거운 가슴이 반응하기 때문이다. 물론 나만 경험하는 것이 아닐 수 있다. 모두가 비슷한 경험을 했을 것이다. 하지만 유독 나의 시선으로 바라본 어떤 현상으로 인해 내가 느끼는 감정을 고스란히 표현하는 글이 필요하다. 그것이 설령 투박하고 못 쓴 글이라도 진심이 느껴진다면 충분히 가치가 있다고 생각한다. 형식에 어울리는 완벽한 구사를 하면 좋겠지만 그것은 천천히 자연스럽게 배워 가고 성장하면 된다. 서로가 느끼는 감정이 오고 갈 때, 새로운 즐거움으로 더 많은 글을 만들어가게 된다.

복잡한 인간관계 해결법

─────────

　인간관계에 시달려 머릿속이 복잡한 시간이 있어도 매일 똑같은 어려움이 있지는 않다. 그 가운데 나에게 긍정적인 요소를 발견하고 그것을 극대화하면 꽉 차 있던 부정적인 생각을 덮는다. 그리고 되짚어 생각하게 되면 해결점이 생기고 그것을 통해 다시 한번 대처할 수 있는 능력이 더 생긴다. 하늘이 무너질 것 같았던 일들도 되짚어 보면 해결 방법이 분명히 있었다. 그 순간이 지나가기까지 숨죽이며 기다릴 때도 내게 다가온 행복이 있었다. 불행과 행복이 공존하는 사이에 마음이 이리저리 흔들릴 때도 아주 큰 의미가 있었다. 나의 마음을 알아버린 단단한 기초위에 다시 올라서서 다른 발걸음을 옮기면 된다.

글쓰기 참 잘한 것 같다

나를 위한 글인 줄 알고 썼는데 남을 위한 글이 되었다. 내가 나의 시선으로 바라보고 객관적으로 바라보는 과정에서 더욱 내 삶이 단순해졌다. 복잡하고 이유를 모르며 그냥 살아왔던 두고 온 시간이 퍼즐 맞추듯 제자리로 돌아갔을 때, 선명하게 보이는 나의 현재가 얼마나 감사한지 모른다. 글을 쓰면서 그런 감동들이 느껴질 때마다 내가 글쓰기를 참 잘한 것 같다고 느꼈다. 글 쓰는 순간부터 용기가 필요하다. 흘러가는 시간에서 내가 간직해야 할 중요한 의미를 보석을 도굴하듯 캐내어 다시 자세히 들여다본다. 그럼 내가 낸 용기에 화답하듯 더욱더 강한 에너지가 나온다. 감사와 뒤범벅이 되면서 응원의 메시지를 보낸다. 잘 살아낸 나에게, 이젠 다른 너를 향해 박수를 마음으로 보낸다.

진정한 성공이란 과정이 아름답다

―――――――――――

'지금, 현재 마음을 데리고 사나요?'

'생각이 먼저일까요?'

'마음이 먼저일까요?'

'요즘 나에게 무슨 일이 일어났나요?'

무수히 많은 질문이 매일 쏟아진다. 가만히 책상에 앉아 행동으로 옮기기 전에 무수히 많은 생각을 한다. 머릿속 상상 속 과정이 선명하게 보이기 시작하면서 그것을 하기 위한 대략의 뼈대를 만든다. 하나의 가능성만 보여도 할 수 있다는 긍정의 마음으로 실행에 옮기면 된다. 물론 그 결과가 나오기까지 뼈대에 살을 만들기까지 시행착오가 생기고 또 해결하고 반복하면서 마침내 일에 성공한다. 성공이란 단어는 내 만족일 수 있다. 크고 작은 성과에 땀과 노력이 있으면, 과정이 아름다우면, 그것이 성공이 아닐까?

글 쓰는 시간이 소중한 이유는
글쓰기가 쉼표와 마침표가 되기 때문이다

책으로 나온 내 글을 공감하는 사람들이 생겼다. 서로의 공감대가 형성되면서 깊은 울림을 줄 수 있어 좋다. 훅 지나가 버릴 생각을 붙잡아 둘 수 있는 책 쓰기가 없었다면 나의 일상은 무미건조할 수 있다. '바쁘게 또 하루가 지나가는구나! 또 해냈구나!' 하며 버려질 수 있는 시간에 의미를 더함으로 앞으로의 미래가 더욱 선명해지는 청량감을 느낄 수 있다. 오늘을 맞이하는 새로운 자세는 어쩜 마침표를 잘 찍어야 나올 수 있을 것 같다. 그 쉼표와 마침표가 내겐 책 쓰기이다. 그래서 무엇보다 글 쓰는 시간이 소중하다.

자기 점검이 필요해

─────────────

　내가 가는 길을 확인하고 잘하고 있는지 점검하는 것은 아주 중요하다. 그것이 글을 쓰면서 매일 관점 정리를 한다. 점점 홀라 하며 의미 있게 살아가는 방법을 알게 된다. 그냥 살면 모른다. 내가 경험하고 있는 일들이 어떤 의미를 주고 있는지 알고, 행동하며, 사는 것은 분명 다르다. 매일 하루에 내 길을 점검하며 확신 있게 시작할 때, 글을 쓰는 것보다 더 효과적인 것은 없다고 생각한다. 필사하든 내 글을 쓰든 언제나 조용한 나만의 생각을 정리하는 시간이 있기에 하루가 단단해진다. 그것이 홀로 서 있는 시간을 버티게 해주었다.

든든한 징검다리가 되어준 글쓰기,
매일 쓰며 전진하자

글 쓰면 황홀했던 순간들이 다시 살아나는 기분이 든다. 영상과 사진을 보는 것과는 다르다. 머릿속에 기억된 경험들이 내면의 기쁨과 감동으로 더 사실적으로 표현된다. 보이는 현상에서 보이지 않는 깊은 내면의 느낌이 다가온다. 또 다른 걸음을 걷기 위한 든든한 징검다리가 되어준다. 그럼, 진짜로 다른 일들이 벌어진다. 충분히 준비된 자에게 새로운 기회는 오기 마련이다. 그것을 얻을 것이냐, 버릴 것이냐의 선택에서 이미 마음 정리가 된 것에 갈팡질팡하질 않는다. 그것을 어떻게 하면 이룰 것인가에 대한 전진만이 남는다.

반드시 나만의 길이 있다

_____

글 쓰고 훌라 추며 평생 의미 있게 살 것이다. 글을 쓸 수 있어 감사하다. 오늘도 살아있음에 감사하고 할 일이 있어 감사하고 나를 기다리는 회원이 있어 감사하다. 모든 것이 존재함이 감사하다. 때론 폭풍이 불어 내 일상은 뒤범벅이 될지라도 해결할 힘이 있어서 감사하다. 길이 있기에 걸어갈 수 있고 길이 없으면 만들면 된다. 똑같은 길을 걸어가지 않는다. 반드시 나만의 길이 있다. 그 길을 즐기며 가는 것이 내가 할 수 있는 일이다. 그렇게 글을 쓰며 발견한다. 그 의미를 찾아낸다. 사람들은 쉽게 얻으려 한다. 그럼 쉽게 사라진다. 마치 쉽게 번 돈이 내 주머니에서 순식간에 빠져나가는 것과 같다. 조금 어렵다고 힘들다고 불평할 이유가 없다. 끝이 났다고 슬퍼할 이유도 없다. 끝은 언제나 새로운 시작이 있다.

CHAPTER 7.

나애정

의미를 부여한 경험은
버릴 것 하나 없다

글을 쓰면, 세상 가장 소중한
자기 자신을 챙기기 시작한다

젊은 쌍둥이 엄마는 글을 쓰면서 자신이 하나둘 할 수 있는 일이 늘어났다고 말했다. 육아에만 파묻혀 살고 있던 힘겨운 삶에서 이제 아이만 키우는 것이 아니라 어쩌면 세상에서 가장 소중한 자기 자신을 챙겨가기 시작했다는 것이다. 가장 사랑하고 보듬어야 할 것이 바로 자신임을, 글을 쓰면서 깨닫게 되었다고 한다. 글을 쓰면 자아와 소통하기 시작한다. 그리고 놀라운 깨달음을 얻는다. 쌍둥이 엄마는 표정도 밝아졌고 한마디 한마디 하는 말들이 예전의 모습과 사뭇 다르다. 점점 자기 확신의 외모를 갖추어 가고 있다. 앞으로 어떤 상황에서든 글 쓰면서 자신을 돌보며 자신의 몫을 당당히 해나갈 것이란 생각이 든다.

쓰고자 한다면 삶 전체가 글감이다

_____

글이 되지 않을 삶은 없다. 어떤 경험이라도 글로 써낼 수 있다. 친구가 선물한 커피잔 하나를 가지고도 '커피잔'이란 제목으로 10줄 이상의 글을 썼다. 커피잔이라고 단순한 물건으로만 볼 것이 아니라 그 커피잔과 관련된 훈훈한 스토리가 있기에 그것을 글로 써낼 수 있다. 물건 하나에도 추억과 숨겨진 비하인드 스토리가 있는데 사람에 관해서는 더 무궁무진 쓸 것들이 존재한다. 쓰고자 한다면 나의 삶 전체가 글감이 된다. 소중한 삶을 글로 남겨보자.

쓸거리는 세상에 널렸다

—————————————

책을 쓰기 전, 나는 3문장 쓰기조차 버거웠다. 책을 쓰면서 일상처럼 글을 썼고, 쓰는 것이 점점 만만해졌다. 우린, 어떤 상황에서든 말을 하면서 살아간다. 말 못 할 상황은 없다. 그것처럼 글쓰기도 마찬가지이다. 쓰는 것이 익숙하지 않을 뿐이다. 어떤 상황에서든 우린 글로 써서 표현할 수 있다. 쓰고자 한다면 쓸 수 있다고 생각을 바꾸는 순간 행동도 바뀐다. 세상에 쓸거리가 없는 것이 아니다. 모든 것은 글로 써낼 수 있다는 사실을 알아채고 소소한 일상부터 글로 쓰겠다는 마음을 가지길 바란다. 세상에 늘린 것이 쓸거리란 것을 인지하고 그렇게 쓰면서 살면 삶이 즐겁고 행복해진다.

내 안의 생각, 마음, 가치관에 따라
내 삶은 달라진다

비슷해 보이지만 어떤 생각과 마음, 가치관으로 살아가는지에 따라서 삶은 달라진다. 나는 필리핀에서 1년 반 아이들과 살 때 필리핀 정착 일상을 글로 써서 출간했다. 그 책이 《유학원 거치지 않고 세부 살이, 좌충우돌 정착 이야기》이다. 이 책을 쓸 때, 시간이 지나면 필리핀에서의 추억과 정착에 관한 유용한 경험과 정보들을 잊어버릴 것 같아서 책으로 썼다. 해외에서 집을 구하고 아이들 학교 입학시키고 은행 볼일을 보고, 기타 소소한 경험과 노하우가 누군가에게 도움이 될 수 있을 것이란 생각을 한 것이다. 이런 생각으로 필리핀 도착 2개월 후부터 쓰기 시작했다. 여행 가이드 북은 많았지만, 필리핀의 소소한 일상을 다룬 책이 없어서 더욱 쓰겠다고 생각했다. 생각을 그렇게 가지니, 필리핀에서 경험한 모든 것들이 소중한 글감이 되었다.

의미를 부여한 경험은 버릴 것 하나 없다

───────────────

　글을 쓰게 되면 내가 경험하는 삶, 하나하나에 떠오르는 메시지가 있다. 세상 일은 사례가 되고 메시지는 내가 말하고 싶은 생각이나 깨닫는 바가 된다. 어떤 경험에서든 나만의 메시지가 생긴다. 이것이 바로 의미라고 말할 수 있겠다. 글을 쓰는 동안, 나는 의미를 찾는 습관이 생겼고 그것이 점점 익숙해졌다. 글쓰기는 곧 내가 세상에 의미를 부여하는 작업이다. 의미를 부여한 세상일은 버릴 것 하나 없다. 의미를 부여한 만큼 하나하나 소중하지 않은 것이 없기 때문이다. 내 삶이 더 소중해진다. 나 자신도 중요한 사람이 되어간다. 글쓰기는 그렇게 나와 내 삶, 그리고 나의 자존감을 세워 준다.

하기 싫은 일, 힘든 일일수록
우리에게 가치 있다

────────────

글쓰기의 최고 장점이라면 세상의 어떤 일에도 의미를 찾게 된다는 것이다. 글을 쓰기 전에는 싫은 일, 귀찮은 일, 하기 싫은 일, 기타, 나름의 구분을 두고 회피했었다. 좁은 생각이었다. 오히려 힘들고 귀찮은 일일수록 더 크게 성장시키는데, 그때는 그런 생각을 못 했다. 피하고 싶은 일들이 쉽게 배울 수 없는 특별한 가르침을 주기에 구분 없이 열정적으로 경험했다면 나는 지금보다 더 크게 성장했을 것이다. 글을 쓰면서 이런 깨달음을 얻었다. 알아차린다고 할까? 힘들고 하기 싫은 일도 의미를 찾게 된다면 결국, 그 일 속에 숨어있는 보석과도 같은 가치를 얻게 된다는 점을 기억하자.

글을 쓰면서 유심히 관찰하고
삶의 메시지를 얻는다

━━━━━━━━━━

차를 타고 지나가면서 폐업 공사 중인 샌드위치 가게를 우연히 보게 되었다. 마음이 짠했다. 직접 사 먹어본 적은 없지만 폐업하는 모습이 왠지 안쓰러워 보였다. 그래서인지 그 폐업가게가 한참 동안 머릿속에 남았다. 그러면서 다양한 삶의 지혜가 내 머릿속에서 되살아났다. 어떻게 삶을 살아가야 할 것인지를 생각했고 이렇게 글로도 쓰게 되었다. 글쓰기를 하면서 그냥 보고 지나칠 수 있는 것에서도 마음은 머문다. 마음이 잠시 멈춘 만큼, 새로운 삶의 메시지를 얻는다.

폐업하는 가게를 보고도
글을 쓰며 삶의 교훈을 얻는다

"샌드위치", 젊은 사람은 좋아할지 모르겠지만, 요즘처럼 건강을 챙기는 환경에서 샌드위치를 한 끼 식사로 좋아할까? 의문이 생겼다. 기본 투자금이 적은 것도 아닌데, 사회 분위기를 고려해서 좀 더 진지하게 고민해서 결정했다면 좋았겠다는 생각이 들었다. 또한, 다양한 메뉴보다는 한두 가지 주 특기할 만한 상품을 개발해서 고객의 입맛을 잡는 것이 실패하지 않는 이유가 되지 않을까? 하는 생각도 해봤다. 폐업하는 가게를 보면서 혼자서 온갖 생각과 상상을 했다. 진실은 어떤 상황에서든 통하기에 폐업하는 샌드위치 가게가 나에게 삶의 교훈을 말하는 듯하다. 난 그 생각을 글로 쓴다.

동물은 죽어서 가죽을 남기고
사람은 죽어서 글을 남긴다

책 쓰기는 경험 공유의 가치가 크다. 책을 쓴 나 자신도 책을 통해 소중한 경험을 언제든 소환할 수 있다. 나뿐만이 아니라 지금은 중학생인 아이들이 성인이 되어 엄마와의 추억을 되새겨보고 싶다면 책을 펼쳐보면 된다. 글이란 것, 책이란 것은 우리가 이 세상에 없더라도 영원히 남게 된다. 동물은 죽어서 가죽을 남기고 사람은 죽어서 글을 남긴다. 글을 쓰는 사람이라면 자신의 일부분을 남길 수 있다는 사실로 인해 뭐라 표현할 수 없는 뿌듯한 행복감을 느끼며 살아갈 것이다.

전자책 쓰기, 요즘 유행이다.
하지만 치명적 약점이 있다

종이책을 쓰다가 전자책을 처음으로 써보니 새로운 깨달음이 생겼다. 전자책은 종이책보다는 쓰기가 쉽다. 글자 포인트는 12포인트에 중간중간 한 줄 여백도 많이 들어간다. 그리고 종이책은 보통 A4 110매 정도의 분량을 쓰지만, 전자책은 50매 정도면 된다. 그리고 한 꼭지 분량도 2장이나 2장 반까지 쓰지 않아도 된다. 보통 사람들은 형식 없이 써도 10포인트 A4 1장 정도는 써낸다. 그래서 정식으로 글쓰기 연습 없이 평상시의 글쓰기 실력으로도 가능하지 않을까 생각한다. 만약, 조금만 배운다면 더욱 쉽게 1꼭지를 쓸 것이다. 종이책을 쓰던 사람은 전자책 쓰기에 평상시 글쓰기보다 50%의 에너지만 투자해도 충분히 쓸 수 있다는 것이다. 하지만 전자책의 치명적인 약점을 알고 전자책을 써야 한다.

종이책 쓰기의 홀로서기가 가능하다면
전자책 쓰기는 껌이다

_____

    종이책 쓰기를 꿈으로 가지고 있다면, 전자책 쓰기가 오히려 종이 책 쓰는 것을 방해할 수 있다. 그래서 종이책 쓰기가 조금, 만만해질 때까지 전자책 쓰기는 뒤로 미루어 두어야 한다고 강조한다. 자칫, 전 자책 쓰기의 유혹에 빠져서 종이책 쓰기를 등한시할 수 있기 때문이 다. 또한, 종이책을 자유롭게 쓰는 사람은 전자책은 언제든 마음만 먹 으면 쓸 수 있다는 사실을 강조하고 싶다.

전자책 쓰기에 신중해야 하는 이유

전자책을 쓰려면, 한 가지 주의할 점이 있다. 이 주의는 아직 세상에 잘 알려지지 않았다. 전자책 쓰기 붐이 일어나서 그냥 좋은 점만 홍보되고 있다. 전자책 쓰기는 평생 책 1권 쓰기를 소원하는 사람이 그 소원 성취하는 하나의 수단으로 활용할 수 있다. 그런 면에서 나도 전자책 출간을 긍정적으로 여겼다. 하지만 이번에 전자책을 처음으로 출간하면서 나는 중요한 사실 하나를 깨달았다. 결국, 사람들은 종이책을 쓰고 싶어 하는데, 종이책 쓰기가 몸에 완전 익기 전에 전자책을 쓰게 되면 종이책보다는 전자책 쓰기를 더 선호하게 된다. 전자책 쓰기보다 상대적으로 종이책 쓰기가 더 어렵게 느껴지기 때문이다. 그래서, 전자책을 쓰더라도 이점을 주의해야 함을 강조한다. 이것이 전자책 쓰기에 관한 나의 입장이다.

평범한 일상의 새로운 발견,
이것이 바로 글쓰기다

사진처럼, 우리가 쓰는 글도 우리의 삶의 모습을 그대로 드러낸다. 글을 보면 그 글을 쓴 사람을 대략 알 수 있다. 왜냐하면 글이란 것이 그 사람의 일상, 삶, 내면을 그대로 쓰기 때문이다. 자신의 연구 내용에 대해서 상세히 기록하고 자신의 의견을 쓰는 책도 있지만, 에세이나 자기계발서 대부분은 자신의 일상을 글감으로 해서 쓴다. 일상이 바로 글이 되고 책이 되는 것이다. 글이 되는 우리의 일상, 삶을 글로 쓰기 전에는 자세히 알지 못한다. 글을 쓰면서 내 삶에 대해 인지하지 못했던 특별한 발견을 매 순간 하게 되는데, 이것이 글쓰기의 가장 큰 선물이다.

내 생각을 글로 써서 눈으로 확인해라.
객관적인 사고를 할 수 있다

생각을 글로 쓰면서 정리해 보자. 처음에는 글로 정리하기가 어려울 수 있지만, 자판으로 글을 쓰다 보면 순서대로 생각을 써나가기에 자동으로 정리가 되는 효과가 생긴다. 머리가 복잡할 때는 글로 쓰면서 내 생각을 정리하고 눈으로 다시 확인하는 것이다. 그렇게 내 생각을 시각적으로 보게 된다면 객관적인 관점에서 내 생각이 맞는지 틀리는지, 무엇을 보완해야 하는지 감이 온다.

특별한 성공 사례가 있어야
글을 쓰고 책을 쓸 수 있는 것은 아니다

일상이 글이 되고 책이 된다. 책을 쓴다고 하면 우리는 거창하게 생각한다. 특별한 성공 사례가 있어야 한다고 여긴다. 유명한 사람의 삶만이 책이 된다고 생각한다. 하지만 아니다. 지극히 평범한 사람의 일상이 멋진 책이 되어 베스트 셀러가 되기도 한다. 그 이유는 단순하다. 독자는 자신과 비슷한 평범한 사람의 이야기를 궁금해하고 더 공감하며 동기부여 받기 때문이다. 나도 저 작가처럼 멋진 삶을 살 수 있다고 기대한다. 특별하지 않은 작가의 이야기이기 때문에 더욱 힘을 얻고 나도 해봐야겠다는 의지를 불태운다.

큰 그림을 그리고 살 때, 일상이 달라진다

배드민턴을 쳤을 뿐인데, 삶의 깨알 같은 지혜를 배운다. 눈앞만 집중했을 때, 전체를 이해하는 능력이 떨어지고 원하는 결과를 얻지 못한다. 그래서 멀리 보는 연습을 해야 한다. 배드민턴에서 상대방 코트의 먼 곳을 타깃으로 셔틀콕을 쳐야 하듯이 우리의 삶도 먼 곳을 향해 나아가야 한다. 앞만 보고 살 때랑 조금은 여유를 가지고 먼 곳의 큰 그림을 그리고 사는 것은 다른 일상, 다른 삶을 만든다. 인간관계도 달라진다. 내 삶의 만족감도 긍정적으로 변화한다.

인생 첫 책 쓰기, 필사에 답이 있었다

인생 첫 책을 쓸 때, 긴 글쓰기를 어려워 나름의 방법을 찾은 것이 필사였다. 그렇게 필사를 시작했다. 누군가 알려줘서 시작한 것도 아니다. 간절한 마음으로 책 쓰는 방법을 찾다 보니, 책을 쓴 사람과 똑같이 따라 쓰면 나도 쓸 수 있겠다는 생각이 번뜩 들었다. 지금 생각하면 정말 단순한 생각이었지만, 그 생각이 신의 한 수였다. 고민하고 또 고민하다 보면 깊은 내면의 무의식이 나에게 해법을 알려준다. 생각을 거듭할수록 본질에 가까운 답을 깊은 자아로부터 얻을 수 있다. 결국, 나는 필사를 통해서 긴 글을 어떻게 써야 할지 감을 잡았다. 그리고 인생 첫 책을 출간했다.

바쁜 엄마들이여! 힐링할 수 있게
글 쓰는 시간을 가져라

남들은 말할지 모르겠다. "그렇게 힘들고 지치는 삶을 살고 있는데, 책 쓰는 대신에 잠이라도 넉넉히 자는 것이 낫지 않냐?"고. 하지만 아니다. 나는 바쁘지만, 책 쓰는 것을 멈추지 않는다. 이런 나를 안쓰럽게 생각했던 친정어머님이 말씀하셨다. "늦은 나이에 아이를 낳았으면 애나 잘 키우지. 왜 그렇게 힘들게 책을 쓰냐?" 나는 어머님께 대답했다. "엄마, 글 쓰고 책을 쓰니까 그나마 버텨내는 거예요. 이것 안하면 병이 생겼을지 몰라요. 책 쓰기가 있어서 저는 힐링하고 성장하면서 직장 맘으로서 살아갈 수 있어요. 걱정하지 마세요. 잘하고 있어요." 그 뒤 엄마는 아무 말씀을 하지 않았다. 집으로 갈 때는 반찬을 바리바리 싸주셨다. 글 쓰고 책 쓴다고 바쁜 딸을 위해 엄마로서 할 수 있는 최선의 선물을 딸에게 해 주셨다.

글을 쓰고 책을 쓰면, 글과 책들이
나의 든든한 삶의 지원군이 된다

내가 쓴 책들이 나를 든든히 잡아준다. 나태한 마음이 들어서 가치 있는 아이디어가 샘솟는 새벽 시간을 소홀히 했을 때, 출간했던 나의 책, 《새벽 시크릿》이 새벽 기상을 할 수 있게 나를 독려했다. 바쁘다는 이유로 독서를 건너뛰는 일상을 보낼 때, 《하루 한 권 독서법》이 '그래도 책을 읽어야 하지 않겠니?'라며 말을 건넸다. 나이 많은 엄마로서 자존감이 떨어지고 도전 없이 주저앉은 삶을 살고 싶다는 유혹을 느낄 때 《나는 성장하는 엄마입니다》가 나를 유혹에 빠지지 않도록 잡아주었다. 1꼭지 글쓰기가 막막해 낙심할 때, 《A4 2장 쓰면 책 1권 쓴다》가 1꼭지 쓰는 법에 대해서 다시 머릿속 정리를 하게 했다. 누군가가 나에게 필사에 대해서 질문하거나 책 쓰기를 어떻게 해야 하는지 질문할 때, 나는 말없이 《내 인생 첫 책 쓰기의 비법은 필사이다》를 읽어보길 권한다. 출간한 책이 나의 삶을 리더하고 때론, 나를 대변한다.

꾸준히 쓰면, 나 자신과
내 삶이 소중하다는 것을 알아챘다

글쓰기를 하면 나의 일상이 소중해지고 그 일상의 주인공인 나 자신도 귀해진다. 그래서 삶이 힘들고 의미 없게 느껴질수록 나는 글을 써야 한다고 강조한다. 글을 쓰기 전의 삶과 글을 쓴 이후의 삶은 행복감부터 달라진다. 삶은 끊임없는 선택의 시간이고 문제의 연속이다. 문제상황이 문뜩문뜩 찾아올 때, 글쓰기 전에는 너무나 괴로운 시간을 보냈다. '어떻게 하면 문제없는 곳에서 살 수 있을까?' 도저히 불가능한 상상을 했었다. 그런 상상은 더욱 현실을 힘들게 만들 뿐이었다. 글을 쓴 이후에는 세상을 보는 관점이 달라졌다. 문제를 문제로 보지 않고 글감일 뿐이고 나를 성장시키는 하나의 기회라고 여긴다. 문제는 더는 나를 괴롭히는 것이 아니다. 문제가 없는 사람은 아무도 없다. 문제가 없는 사람이란 산 사람이 아닐 것이다. 문제가 많을수록, 글로 쓸 거리는 더 많아져서 행복하다는 생각까지 하게 된다.

진정, 글을 써야 하는 이유.
세상사에 흔들리지 않는다

글 쓰면 바뀐다. 글만 썼을 뿐인데, 삶의 다양한 문제들을 피해야 할 대상이 아니라 오히려 성장의 기회로 생각한다. 도전에 두려움이 사라진다. 새로운 것도 해보자는 마음으로 당당하게 시작한다. 도전 경험은 하나의 글감이 되기 때문이다. 그 사실 하나만으로도 우린 글을 써야 한다. 글 쓰고 행복한 삶을 살아가길 바란다. 문제들에 짓눌려 불행한 감정으로 살지 말고 어려운 문제들에 직면할수록 글 쓰면서 여유롭고 자유로운 행복감을 느끼길 응원한다.

삶이 글이 되고 글이 삶이 된다

초판 1쇄 발행 | 2025년 1월 1일

지은이 | 이현주 · 남상희 · 김정아 · 곽리즈 · 최정님 · 김경부 · 나애정
펴낸이 | 김지연
펴낸곳 | 생각의빛

출판등록 | 2018년 8월 6일 제 406-2018-000094호

ISBN | 979-11-6814-091-2(03190)

원고 투고 | sangkac@nate.com

* 값 18,500원